JN242044

病院から地域へ

―― 精神障がい者の奪われた時間 ――

メメント・モリ

真柄 希里穂

三恵社

目次

※副題の『メメント・モリ』とはラテン語で「死を想え　死を忘れるな」という意味です。

序

　精神医療福祉の分野では、いわゆる社会的入院患者を多数生み出してしまった日本の精神科医療と福祉の特殊な歴史を踏まえ、現在は「入院医療中心から地域生活中心へ」の転換がはかられている。そこでは、入院治療の必要のない患者に積極的に働きかけを行うとともに、地域生活支援体制を整備し、退院とその後の生活の定着までの一定の期間をケアマネージメントの手法を用いて、多職種で行うことがポイントになっている。さらに、ピアサポーターの参画も有意義であるといわれている。

　本稿では、「入院医療中心から地域生活中心へ」を考察するにあたって、何が問題として生じるのか、医療者や当事者がどうそれを受け止めているのかを分析していく。これまで、医学モデル〜生活モデルの展開の議論は、「社会福祉学」の分野では人権擁護の観点から肯定的に評価されてきた。しかし、本稿では諸外国の脱施設化の評価、わが国の医師の専門誌に見られる治療の傾向、退院時ケア会議の合議の様相、退院後事例のひとり死、クリニック医師のリスク管理観、そして当事者からみた社会資源のインタビューのデータから、「社会学」「精神保健学」の視座でやや批判的に再検討を試みたい。

　長期入院している統合失調症患者は高齢化しており、彼らにとって残された時間はそれほどない。現在、精神障がい者の地域保健福祉で格闘している支援者と当事者に還元できる基礎資料を呈示したい。

尚、本稿では医療に関わる部分は「クライエント」、福祉一般の部分は「当事者」「利用者」と表記する。法律用語以外の、「精神障害者」は「精神障がい者」という表記を使用する。

第1章　病院から地域へ

1.1　精神医療における脱施設化

　欧米では、精神科医療が入院から地域中心の医療に移行している。精神病床の国際比較で目に飛び込んでくるのは日本の病床の割合が突出し高いことである。

　精神病床数のOECD平均は10万人当たり68床であるところ、日本は269床であり、OECD諸国で最も多い（表1）。年間入院患者数の概数は次に示すように日本以外の先進諸国は減少へと転じている(表2)。急激な病床の減少は、本質的には戦後の新薬導入が原因といわれるが、日本は逆に増加しているのである。平均在院日数は、やっと300日を切ったところであり、依然として深刻な収容状況である（表3）

表1　人口１０万人当たりの精神病床数　2011 年

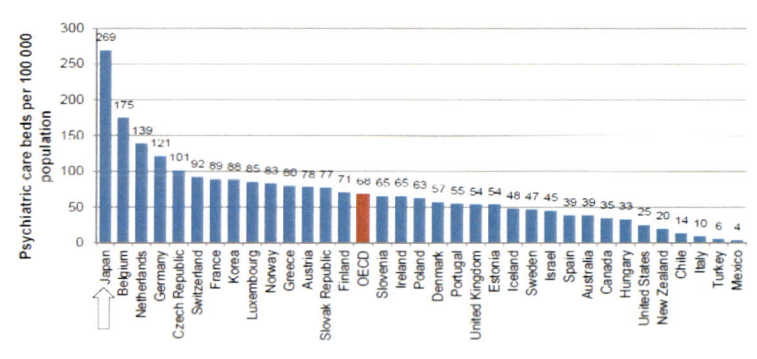

出典：OECD,2015 より

表2　脱施設化の状況　各国の病床数の歴史的変化

国	期間	病床変化
イギリス	1956-1995	-73%
アメリカ	1955-1994	-88%
イタリア	1978-1996	-85%
ドイツ	1970-1988	-29%
日本	1960-1993	380%

出典：Thonicroft, G., 2001.より一部修正

表 3　精神科退院患者の平均在院日数

日本	フランス	イギリス	アメリカ	カナダ
298.4	6.5	57.9	6.9	15.4

出典：OECD 2008.より

　2011 年度の患者調査によれば、日本の精神疾患全患者数は 320.1 万人、うち入院患者数 30.7 万人(9.6%)で、一割近い患者が入院患者である。さらに、統合失調症、統合失調症型障害及び妄想性障害に該当する患者数は 71.3 万人で、うち入院患者数 17.17 万人(24%)である。統合失調症の場合は入院患者の割合が 4 人に 1 人となる。精神病床平均在院日数は、1989 年の 496 日から 2011 年の 298 日と急速に減少しているが、5 年以上の長期入院者は 11 万人おり、精神疾患入院患者の 37.3%を占める。つまり、平均在院日数の縮小の多くは近年入院した患者を早期に退院させているために生じているので、長期入院者を退院させる施策が功を奏しているわけではない。精神病床に 1 年以上入院している患者数は、2002 年の 22.3 万人から 2011 年の 19.3 万人と 15%程度減少したに過ぎない。入院患者のうち 3 割以上は 65 歳以上の高齢者であるが、1 年以上入院している患者では 5 割を超える。1 年以上の入院患者の減少の一定部分は死亡退院の増加によるものである。

　統計上の厳密な比較は困難であるが、長期に病院で精神疾患のケアを行わない米国の数字をあげる。2006 年度の米国の AHRQ 調査（Agency For Healthcare Research and Quality）では、精神疾患が原因で入院した件数は年間 135 万件あるが、平均在院日数は 8.2 日で、日数で言えば 1107 万日である(Saba et al. 2008)。同時期 2006 年の精神科病院と一般病院の精神病床の 1 日平均在院患者数は合わせて 32 万人であるから、日数で言えば、11680 万日と米国のほぼ 10 倍になる。人口比で計算すれば 30 倍を超える数字である。病院という施設で長期間精神疾患患者を診るかどうかという点では明確な相違がある。

　バクラックによれば、「脱施設化」とは、「精神病院で暮らす精神障がい者を地域代替サービスに移行すること」「新しく入院となる可能性のある人を地域の代替サービスに迂回させること」「地域で暮らす精神障がい者のための特別なサービスを発展させること」の要点を含み行われる活動と定義されている(Bachrach 1996)。つまり、脱施設化とは、単に病院から出ることではなく、地域医療とリハビリテーションの再編を意味する概念である。

　本稿では、先進諸外国の脱施設化が、統合失調症患者の地域生活の経過にどのような影

響を及ぼしたのかを、脱施設化が進んでいない日本の状況と比較しながらみていくことにしよう。

1.2　海外における精神病院の脱施設化後に生じた問題点

　現在、脱施設化の進展には、各国で様々な温度差が出ている。各国での精神科病床の定義、運用の方法が異なるので安易に比較はできないが、脱施設化を進めた結果の是非が問われている。地域精神医学の研究者であるタランセラは、伝統的な精神科病院の機能を地域社会ケアに移した場合の影響について、以下の9項目に整理している(Tansella 2000)。

１．身体的アセスメントと治療は、精神病院から一般医療サービスへ移されることになる

２．短期および中期入院による積極的治療は、長期入院を前提とした治療よりも改善されるものの、治療方法については他の身体疾患の場合のように標準化されるわけではない。

３．長期にわたる患者の保護と管理は、地域では居住型ホームがサポートを担うことになる。

４．患者に対するデイケア、外来サービスは、地域でコンタクトしやすいサービスが開発されるならば、患者生活は施設内での生活より改善するが、しなければむしろ悪化する。医療機関と、社会福祉機関との間で責任の調整が必要になる

５．患者への職業リハビリテーションは、病院よりも地域社会ケアの環境で行われる方の改善が見込まれる。

６．地域ケアにおける責任の調整と危機的状況における事前指示が必要となる。

７．家庭が治療の場となる場合には、家族や介護者の負担を軽減するための支援が必要になる。

８．病院から地域ケアに移行するためには、地域への適応可能性や地域における予後についての調査研究が必要となる。

９．医療機関の保護を解除された患者は、地域に移行した際に身体的、性的、経済的な搾取にあい、傷つく人も生じる。

以下では、上記の9点に即して、主として米国とイギリスにおいてどのような施策が講じられたのか、また日本ではどのような状況であるのかについて概観する。

1.2.1　精神障がい者と一般医療のケア

　まず、精神障がい者のケアを一般医療に移すことによって、精神疾患そのもののケアが劣化するのではという問題がある。

　イギリスでは、1948 年の国民保健サービス制度（NHS）が実施され、すべての国民が一般かかりつけ医に登録してＮＨＳを利用することになった。この制度では、かかりつけ医が「重度精神障がい者」の受療中断による再燃チェックをするしくみが組み込まれている（伊藤 2012）。ところが、地域ケア移行後にイギリスでは、自殺率が高くなったという報告がある。それは、ヒーリーらが行った 1875-1924.1994-1998 のコホート比較調査である。それによると、病院収容時代のコホートが、地域ケア時代のコホートと比べて生涯自殺率は 20 分の 1 であったという（Healy & Harris 2006）。つまり、精神障がい者の自殺は、かかりつけ医では食い止めることが出来なかったことになる。

　米国では、メカニックがすでに 1992 年にタランセラの予見と同様の指摘をしている。彼は、「脱施設化によって、精神疾患者の一般病院内の精神科病床への依存が増加し、ケアのパターンが変化するだろう」と述べ、一般病院による精神疾患への対応が精神病院による対応よりも悪化することを示唆している（Mechanic 1992）。それを支持するような統合失調症の死亡率の調査もある。サウサンプトン大学のブラウンらは、25 年（1981-2006 年）にわたる統合失調症の死亡に関するコホート研究を行った。対象者は、地域ケアを受けながら外来で治療を受けるサウサンプトン市の統合失調症患者 370 名である。調査期間の終わりには、370 名のうち 164 名が死亡していた。これは、統合失調症患者の標準集団の 3 倍の死亡率になる。死亡者の 8 割は自死によるものであった。その他の死因では、循環器系疾患、呼吸器疾患が多い（Brown & Kim 2010）。

　英米の状況を見ると、精神障がい者の身体的ケアを一般医療が行うことだけでは、精神障がいに起因する自殺を抑止できないように見える。

　こうした状況に対して、日本では、そもそも精神疾患の患者の身体を看る観点がない。精神医学と身体医学は別のものと捉えてきた歴史があるからだ。それは、医療法施行規則第 10 条 3 号では「精神病室意外の病室への収容禁止規定」という法律的措置によっていっそう助長されてきた。第二次世界大戦後に制定された、旧精神衛生法および旧精神保健法においては、精神障害者の施設外収容の禁止条項が定められていた（法 48 条）。しかし、この法律は精神科関連学会の反対もあり 1993 年に廃止されているが、しかし医療法施行規則第 10 条は今だ残存しているのである（村井 2012）。現在でも精神病床 34 万床に対し、

身体合併症（40%が日常的に要する）に対応し得る病床数は、5000床弱しかないのが現実である（松井2014）。菊池は、統合失調症入院患者の生命予後の調査として211名を5年にわたり追跡調査した（菊池2013）。その結果、長期に薬物治療を受け平均55〜56歳に達した患者は、一般人口の22〜23歳年長の人に相当する低い5年生存率になっていることが明らかになった。そして「現代の精神科入院治療は、統合失調症の自殺の抑止力を有している反面、がん以外の身体疾患による死亡率を高めている」と述べている。こうした現状からわが国では、精神科医のための身体合併症講習会が2013年から始まったばかりである。

　以上、精神科における身体治療については、日常的に患者の身体的健康に注意を向けるべきという意見は、国に差はなく比較的最近の考えとして示されているが、しかし、脱施設化した結果、精神障がい者の一般医療への依存が高まるにつれて、自殺の抑止力が弱まるという傾向が見られ、逆に、日本のように脱施設化が進まない国では、精神科病院が自殺の抑止力として機能している反面、長期の薬物治療の影響もあり、身体疾患を軽視する傾向が無視できないと言える。

1.2.2　治療の標準化

　まず治療ガイドラインについてみよう。

　米国は、各国に先駆けて1997年にEBMに基づく治療ガイドラインが米国精神医学会（APA）から出版されている。その後の2004年版ではガイドライン改善として、「併存する問題」「複数の治療者の統合」「治療の記述」が追加されている(表4)。「併存とする問題」とは、統合失調症の人が抱える「うつ・PTSD・物質依存」を常に確認する必要性である。「複数の治療者の統合」とは患者の地域サービスのためのマネジメントである。「治療の記述」とは、行われている治療に関する情報をアクセス可能にし、関係者に開示することである（井上2011）。

表4　APA治療ガイドラインにおける治療計画の策定1〜8

1	症状評価と診断の確定
2	治療計画の策定
3	治療協力関係とアドヒアランスの確立
4	患者・家族への教育と治療の提供

5	併存する問題を扱う
6	患者の社会的環境と機能に関心を払う
7	複数の治療者の統合
8	治療の記述

　イギリスでは、2003 年に NICE (National Institute for Health and Clinical Excellence)が発行したガイドラインがある。これは、NHS の一環として作成されているので国が責任を持っている。2010 年の改善バージョンではさらに「3 年後に専門家と当事者の意見を聞き、アップデートする」と明言されている。治療方針は「患者と共に決めること（SDM: Shared decision making)の推奨が特徴的である。

　日本では、精神医学講座担当者会議の監修による 2004 年「統合失調症治療ガイドライン」が最初であり、第 2 版は 2008 年である。初版にはなく 2 版で追加された項目は、「ACT ケアマネジメント・自助グループ」である。渡邊は、米国、イギリス、日本のガイドラインを比較した。それによると「日本は EBM に基づかない従来型の診療ガイドラインという形式にとどまっている」と述べている（渡邊 2010)。

　ここで問題となるのが、ガイドラインの限界である。各国とも「ガイドラインは、あくまでも診療の推奨であり、治療の実践は統合失調症を有する個人やその介護者・家族と相談のうえ、個々の状況において適切な決定を下すという医療従事者の責任に優先するものではない」とその限界性が示されている。

　精神科治療の標準化の難しさは、精神障害診断分類基準（DSM-V）や、各国で使われている地域への転帰を評価する GAF(Global Assessment of Functioning)についても指摘されている。

　大野は、DSM-V を「予防精神医療を進める意図があり誤診の擬陽性率が高くなるのでは」と疑問視した意見を述べている（大野 2012)。

　ガイトは、アムステルダム、コペンハーゲン、ロンドン、サンタンデール、ヴェローナの 5 都市で行われた統合失調症のニーズと満足度と GAF の関連を分析した。その結果、社会的因子の評価は、臨床的因子ほど高度に GAF 得点と一致しないという問題が明らかになった（Gaite2005)。つまり、GAF 尺度は、社会的な適応という側面を適正に評価できない可能性があるというのである。

　また、そもそも積極的治療の必要性を判断する仕組みも国によって異なっており、米国

では、主に裁判所が行い、行政が判断する日本（都道府県知事）やイタリア（市長）、イギリスは、非医療の立場から福祉士（認定精神保健専門家が自治体から認定）が担っている。それぞれが異なった判断基準をもっていると言ってよい。つまり何らかの統一的な医学的基準というものは存在しないのである。

GAF も治療ガイドラインも DSM も、どの国においても治療や診断の目安でしかなく、法的なシステムも共通ではない。短期治療は確かに各国ともに改善傾向にあるようだが、身体疾患のように標準化されたものではなく、短期治療の先にある社会的なケアとの連携がなければ機能しない。臨床医、福祉士、患者、家族、介護者の間で継続的治療についての話し合いや連携のためのコミュニケーションが不可欠である。

1.2.3　居住型ホームの役割

米国は、重度の精神障がい者をナーシングホームで受け入れた。この背景には、1965 年に制定された公的保険のメディケイドの運用を、州政府が行うが予算自体は連邦政府が支払うようになり、多くの州政府では、このプログラムの対象から単科精神科病院での医療費を除外したことがある。米国では、1956 年には精神科病床に 55 万 6000 人の入院患者がいたが、2001 年は 6 万 5000 人になり、ある意味では脱施設化に成功といえる。しかし、ナーシングホームに移れなかった者は、ホームレス化し社会問題を生じた。三野は、1985 年の東京でのシンポジウムの講演で、米国精神分析医メニンガーが「ニューヨークでは、3 万 7000 人の元患者が帰る家もなくしている。退院後 15%足らずの人が仕事に就き、退院後 5 年間に再入院したことがある人は 75%にものぼる」と述べたことを報告している(三野 2010)。

現在、米国では刑務所が最大の精神病院といわれる（新福 2005）。米国全土での刑務所人口は、200 万人に増加している（日本の刑務所人口は 5 万人）。そして、その 15%が精神障がい者とすれば約 30 万人の精神障害者が刑務所に収容されている。このことから、米国の脱施設化は、刑務所への施設間転移(Trans-institutionalism)だと批判されている（Treiman1997）。

イギリスでも居住サービスに関しては、米国と同じ構造がある。イギリスでは、長期入院による意欲の低下、感情鈍麻などの「施設症」（institutionalism）の概念を重視し、地域ケアへ転換していった。さらに、病院閉鎖に伴い、その病床に相応する居住施設サービスの提供が行われた。しかし、ロンドンの中心部では現供給量の 5 倍のニーズがあり、ここ

でもやはりホームレスを生んだ。1988 年には、ホームレス問題や、同居を指示される介護者の過度の負担に関して、土立医師会、英国医師会、全国精神分裂病団体（NSF）が精神科病院のベッド削減の停止を呼びかけた反脱施設化の運動が起きている。（Hudson 1991、Cook & Wright 1995）。

　日本での居住サービスは、2006 年の障害者自立支援法(2005 年法律 123 号：以下障害者自立支援法)の下で急遽提案され、2007 年から施行された「精神障害者退院支援施設」が重要だろう。これは、退院支援施設を精神科病院の病棟を転換、または病院外の場に設置することで日中は生活訓練や就労移行支援を提供し、夜間宿泊を提供することで精神障害者支援施設加算がされるものである。施設の賛否の議論の中「精神障害者に対する医療の提供を確保するための指針等に関する検討会、第 6 回検討会での岩上氏の資料では以下のような提起があった（2013 年 10 月 17 日）

　　　入院している人たちの意向を踏まえたうえで、病棟転換居住施設、例へば介護精神
　　　型施設、宿泊型自立訓練、グループホーム　アパート等の転換について時限的であ
　　　ることを含めて早急に議論していくことが必要。最善とはいえないまでも病院で死
　　　ぬということと病院内の敷地にある部屋で死ぬことには大きな違いがある。

　すなわち、病院内の敷地にあっても自分の部屋で死ぬことに意味があるという資料である。こうした後押しがありこの施策の運用対象は概ね 1 年以上精神科に入院していた精神障がい者等が対象者となった。病棟の余剰病棟の転用、地域移行困難者の受け皿づくり、精神科病床削減を図るものとして実施されている。しかし、「同じ病院敷地内の病棟転用施設へ移ることで社会的入院が解消したといえるのか」「施設への長期収容が懸念され、脱施設化に矛盾する」との障害者団体からの批判も出されている（古屋 2010）。障害者団体の立場では「精神障害者退院支援施設」は「終末期施設」であり「自宅」ではないのである。つまり、どこでどう死ぬのかという議論が錯綜している。以上をまとめると、脱施設化を唱えるのは簡単であるが、住居の確保が困難であることは国に差はない。イギリス、米国は、病院閉鎖と共に施設活用をしていたがホームレスを生んだ。そして、米国の刑務所への収容度の高さは深刻な問題となっている。日本では、統合失調症の回復期以降も病院内、もしくは病棟内施設に「置かれ留め」される傾向が依然としてある。あくまで医療の傘の下でのケアという姿勢が特徴的である。また、2011 年の障害者基本法改正では、第 20 条

に障害者の住宅確保についての規定に「地域社会において」が加えられた、国および地方公共団体は住宅整備が義務づけられたのだが、大した進展はしていない。

1.2.4　外来治療の限界と地域でのケア管理

　まず、統合失調症の患者は、一般的に退院後の治療の継続に失敗するといわれていることを確認しておこう。外来での服薬ケアを続けることが、難しいからである。かつ、統合失調症の再発率は85～90%といわれ、10～15%は慢性で重篤な精神病状態が続く難治例である（米国精神医学会治療ガイドラインコンペンディアム 2006）。

　米国では、1960 年代後半の、患者が結果的に頻回に入院を繰り返す状態（回転ドア状態）を食い止めるためにウィスコンシン州マディソン市で ACT（Assertive Community Treatment）が開発された。ACT の特徴は、24 時間 365 日、生活困難を抱える精神障がい者に対して多職種チームで関わることである。

　しかし、服薬に関しては未だ困難な報告が多い。オルソンが、服薬厳守について承諾した患者の退院 3 ケ月後の状態を調べたところ、その 1/3～1/2 は退院後の外来予約に来ないことがわかった（Olfson1998）。その理由としては、治療効果がない、精神症状が悪化する、副作用が発現するなどが挙げられている。バイヤリーの報告でも、統合失調症の患者の50%は、医師の指示通りに服薬していなかった（Byerly 2005）。

　この対策としては、利用者中心のリハビリテーションが強調されるようになった（本間 2012）。例えば、患者が主体的に服薬治療に参加できるようになることをめざす「アドヒアランス adherence」の概念が広く使われている(Aquila 1999)。カナダのフォルクはピアサポートの有用性を報告している。390 人を対象に移行時期のサポート方法を調査した。その結果、外来での有効な方法は、①ピアサポート②患者が地域ケア提供者と関係性ができるまでの連携であった（Forchuk 2002）。

　イギリスでは、幸いなことに独自のケアマネジメントが採用されている。これは、1983 年の精神保健法で、退院後の患者のアフターケアを自治体等に義務付けるなど具現化したところに端を発する。ところが、1984 年に、ソーシャルワーカーのイザベルが精神障がい者に殺害されたことで、地域精神保健ケア政策が機能していない、という批判が出ることになる（Burns1995）。これが、スポークスレポート 8 つの勧告として地域精神保健ケアの限界が暴露されることになり、CPA（care program approach）というイギリス独自のケアマネジメントシステムがスタートしたのである。のちに、1990 年の国民保健サービスとコミ

ュニティケア法が制定され、体系的なケアマネジメントのしくみが世界で初めてつくられた。1995 年時に効果測定を行った調査では、この仕組みの明確な効果は示されていない（新貝 1997）が、2000 年以降については、ソローニクロフトの調査がその有効性を示している。この調査は、ロンドンの 3 病院から抽出した在院年数 30 年以上、90%以上が統合失調症の退院群の 1 年後の評価を行ったもので、患者自身による評価では、「地域ケア型の環境が病院環境よりも良い」という回答が 85%、他の患者にも勧めたいとの回答が 86%であった（Thornicroft 2005）。

日本での地域の取り組みで初めに制度化されたのは 2003 年の精神障害者退院促進支援事業である。2008 年には、精神障害者地域移行特別対策支援事業が開始され、2010 年には地域移行定着・地域移行定着支援事業となった。そしてその一部は 2012 年に障害者自立支援法は、障害者の日常生活及び社会生活を総合的に支援するための法律（以下：障害者総合支援法）に改正され、その中で地域相談支援が個別給付による福祉サービスの 1 つに位置づけられた。また、2013 年の精神保健及び精神障害者福祉に関する法律の一部を改正する法律（以下、精神保健福祉法）改正（2014 年 4 月施行）により医療保護入院者の退院支援のために精神科病院の管理者は退院後生活環境相談員を選任しなければならないと規定された。2014 年の診療報酬改定には、長期入院後の通院患者や入退院が頻回な患者の地域移行の促進のために 24 時間体制の在宅医療を評価する「精神科重症患者早期集中管理料」が設定された。この取り組みに対して 2014 年の OECD は「日本は変わりつつある」と一定の評価をしている[1]。

しかし、日本では、制度改訂のたびにその「手続き」を行うことが優先課題になる傾向が強く、その結果、本質が形骸化する側面があることは否めない。2000 年の介護保険法を機に導入された「ケアマネジメント」はいつのまにか「相談支援」（厚生労働省 2012）という言葉に置き換わり、ケアマネジメントが行うべき業務が曖昧になったように見える。例えば,わが国でも統合失調症患者の服薬の課題は他国と同様に未解決であり、統合失調症の患者の約半数が服薬を自分の判断でやめ、そのうち 8 割の患者が再発を経験していると

---

[1] OECD は「日本の精神医療は他国に比べて脱施設化で遅れをとっいる、と指摘しつつも「明確な変化の兆候はみられる」と報告してい
http://www.oecd.org/tokyo/newsroom/documents/20140708MakingMentalHealthCount_CountryNote_Japan_J.pdf

いう調査がある[2]。ところが、この問題への、相談支援の個別給付のあり方は未だ、検討中のままでケアマネジメントが機能しているとはいえない。

　各国の地域でコンタクトしやすい外来治療サービスの有効性は、一言でいえばケアマネジメントの質と量にかかっているといえる。ケアマネジメントの目的はまさしく「個人のニードにサービスを合わせるプロセス」である（白澤 1997）。精神科外来だけでは、外来での服薬ケアの継続へは非力である。イギリスにおけるような体系的なケアマネジメントが機能しなければ、地域における服薬ケアの継続的管理は困難であろう。この点で、日本は、米国、イギリスと比べて遅れ、2000 年からの介護保険法のケアマネジメントが導入されている。そして、障害者総合支援法で、利用者の生活全般に関わる相談や連絡調整、サービス利用の計画作成をケアマネジメントの技法を用いて相談支援員によって個別計画作成を行うことになったばかりである。精神科病院が独立採算的に経営されている日本では、患者の退院に向けたインセンティヴが働きにくく、このことが退院支援のマネジメントが充実しにくい要因となっているのかもしれない。

1.2.5　地域ケアと職業リハビリテーション

　先進諸国での、回復モデルとしての職業リハビリテーションは、1960 年代と 1970 年代の公民権運動、消費者の権利を求める運動、重篤な精神疾患からの回復を表現した人々によって進められてきた。

　米国では、1943 年の「職業リハビリテーション法」の改正で精神障がい者を対象に含めている。脱施設化過程で行われてきた臨床活動としては、UCLA が、Social and Independent Living Skills Program を開発している。このプログラムは、心理教育やＳＳＴ(Social Skill Training)を中心とするスキルトレーニングで構成されており、厳密にコントロールされた計画によって治療コンプライアンスや社会的機能の改善が期待できることが示唆されている。さらに 2003 年には「約束を達成するために：米国における精神保健ケアの変革」が発表された。ここでは、特に援助付きケアが重視されている。その後 2006 年には、PORT(統合失調症アウトカム評価機関)が、リカバリーを促進するための科学的根拠に基づいた心理

---

[2]特定非営利法人　地域精神保健福祉機構　コンボは、統合失調症の患者さんとご家族を対象に、疾患と治療に対する意識や行動を把握することを目的としてアンケート調査を行った、710 名の患者さんと680 名の家族を対象とした。家族と患者さんの双方対比の分析は日本初である。

社会的介入として以下の 5 点を提示した。

①疾病マネージメント（IMR: Illness Management& Recovery）

②積極的コミュニティー治療(ACT: Assertive Community Treatment)

③援助付き雇用（SE: Supported Employment）

④家族への心理教育と支援（Family Psycho Education & Support）

⑤二重診断者へのサービス（Service for the dually diagnosed）

（Corrigan, 2006）。

疾病の管理や家族への支援と並び、雇用への支援が含まれている点が重要である。

また、レアンドラは、レイノルズがカナダで開発した「退院のかけ橋」プロジェクトの試験的な調査を紹介している。このプロジェクトは、入院患者が地域で仕事上の関係を築くまで、地域スタッフが患者の世話を行うという点を重要視している（Leandra, 2007）。

イギリスでは、1941 年から職業リハビリテーション対象者に精神障がい者が入っている。1944 年には「障害者雇用法」が成立し、1959 年の精神保健法改正では、身体障がい者と同様の社会サービスが利用できるようになった。この流れで 1962 年には、精神病床数「人口 1 万人あたり 33 床から 1975 年に 18 床」を目指した病院計画が議会に提出された。そして、1971 年には、単科精神病院は閉鎖するという政府からの見解が出された。

そもそも、イギリスの脱施設化を後押ししたのは、長期の病院生活によって生じる 2 次障害、つまり「施設症」を概念化したウィングとブラウンの病院調査の貢献が大きい（Wing 1962）。病院の保護的で刺激の少ない環境が患者を無力化し、リハビリテーションの進展を妨げるとする知見である。

さらに、2000 年には、ケアプログラムアプローチが福祉と保健を統合する内容に変えられた。そのプログラムには、標準型と強化型の 2 種類があり、強化型には必ず「雇用、職業訓練のための必要な行動」が計画されなければならないことになった。

一方、日本は大きく遅れをとっている。職業に関する介入は、1955 年頃に病院に入院したまま「院外作業」「外勤作業」が行われるようになったが、低賃金で問題視され下火となってしまった。

また、1970 年の「心身障害者対策基本法」（法律第 84 号 1993 年に障害者基本法になる）で、精神障がい者は障がい者として位置づけられず、福祉施策の対象外とされていた。1982 年からは「通院患者リハビリテーション事業」という形で、職親制度ができたが、あくまで医療の保護の下での事業であった。この状況にしびれを切らした地域の関係者が草の根

運動として動きだし、共同作業所ができた。精神障がい者の就労の場がつくられた。しかし、せっかくの職場も月1万円程度の工賃しか獲得できず、自立支援というには程遠いものであった。その後、1993年の「障害者基本法」で身体、知的障がい者と並んで精神障がい者が福祉施策の対象となり、地域でのサービス利用が可能となった。国際障害者年から課題とされてきた「完全参加と平等」の精神が障害者基本法の基本理念として法律に明記される形となったからである。

特に2006年の障害者自立支援法が施行された時、障がい者の「就労支援」政策が実施された。地域においては、職場適応援助者（ジョブコーチ）が導入されている。また、2013年の改正障害者の雇用の促進等に関する法律の一部を改正する法律（以下障害者雇用促進法）により、2018年から精神障がい者の法定雇用が義務となった。これが、どのように運用されるかに日本の障害者雇用の浮沈がかかっている。

以上、職業リハビリテーションについて比較してみると、米国、イギリスでは、職業リハビリテーションは、脱施設化と同時にそのアプローチが開発され一定の成果を上げてきたと言える。日本では、諸外国の知見を取り入れながらも、社会防衛的な政策が続き、1965年から1987年の22年の間に、精神病床は17万から34万に倍増している。具体的に職業支援が整ってきたのは、1990年以降といえよう。

1.2.6　地域ケアの責任と調整・危機的状況における事前指示

まず、地域ケアの責任と調整は、米国ではケースマネージメントとして、イギリスではケアマネジメントとして行われている。

米国は、先に述べたようにケアマネジメントの発祥の地であるが、全国民を対象とした普遍的な医療保障制度や社会福祉制度がないために十分なケアが提供できていないことがよく問題とされてきた（本間 2012）。例えば、保険会社が5日しか入院治療を認めないといえば、それ以上の治療に保険金は支払われない。用語も米国は「ケースマネージメント」である。これはマネージドケアと個別マネージメントが表裏一体になっていることを示している（イギリスは、医療費抑制の面が強調されるこの米国の表記を批判して「ケアマネジメント」としている）。グローブは、「精神保健政策の形成に重要な役割を果たしたのは、米国の政治システム構造そのものである」と指摘している（Grob 2008: 81）。

イギリスでは、米国で断片的な成立となったケースマネージメントを普遍的な高齢者介護システムの中に取り入れ、その中核を占める制度として成立させた。ケアマネジメント

の責任とサービスに関する財政権限は自治体に一元化されている。また 2003 年、イギリスでは、「退院法」が制定され「社会的入院」に対して罰金を科すしくみになっている。

地域ケアの責任と調整は米国では、財政的観点から、イギリスでは個別のケースの包括的な管理という観点から行われていると言ってよい。

こうしたケアにおける本人の意志の反映という問題について、特に、患者の症状の増悪時・入院時におけるそれについては、「事前指示（Advanced Directive）という概念で取り上げられている。「事前指示」は、終末期医療で用いられることが多いが、精神科でも取り組みが始まりつつある（伊藤 2012）。米国では、医療における事前指示は法律で定められており、精神科でも実施されている。藤井によれば、米国では、代理人指示であり、イギリスでは、共同危機管理計画（Joint Crisis Plan）の試みが行われている（藤井 2011）。日本では、非自発的入院を決定する際には、精神科医師が「患者の人権」を守ることと「地域の福祉を守る」ことの 2 重の責任を負っている（黒川 2001）のが現状であり、本人の意志を反映するという意味での「事前指示」に関しての論議は、まだ始まったばかりである。

米国の脱施設化は、明確な責任を担う福祉局にあたるものがなく財政縮小の誘因で進められたといえるが、法律で定められた「事前指示」によって、代理人によるものとはいえ、本人の意志や権利を守るしくみが一定程度存在している。イギリスでは、本人と地域ケアに携わる専門家との共同作業によって危機状況への対応が決められている。この点では、日本は、イギリスの型を追随しようとしていると思われる。

1.2.7　家族への支援

1950 年以降の米国では、「偽相互性」（ウィン）「ダブルバインド説」（ベイトソン）「世代間境界の混乱」（リッツ）など、いわゆる「病因としての家族論」が台頭していた（牧原 1982）。

その後、脱施設化の潮流の中で、地域でのケアが精神障がい者へもケアが進むと、病因としてではなく、ケアの支持体としての家族の役割がクローズアップされた。それでも、ペトリラによれば、「精神医療の専門家は精神病患者に対する家族の支持的役割の重要性について認識してきたが、家族側からは家族が求める情報はわずかしか得られていなかった」と認識していたようだ。（Petrila 1992）。

2000 年以降になり、脱施設化の成果をもたらす地域支援サービスの中にようやく「家族支援」が入ってきた（Lamb 2001）(安西 2008)。

脱施設化を成功させる地域支援サービスとしてラムらは次の３点を挙げている。第１に積極的コミュニティー治療(ACT)と危機介入、第２に24時間対応できる医療サービス、第３に家族支援である。ラムは、「慢性精神障がい者は公的な地域支援体制に組み込み、家族に負担がかからないようにすること。決して、脱施設化の負担が家族の肩にかからないようにしなければならない」と述べている (Lamb 2001)。2009年に発表された Guideline Watch の中でも、認知行動療法で治療効果が実証された技法として「家族心理教育」が推奨されるようになった(Dixon & Perkins 2009)。

　イギリスでは、2004年にケアラー法（The Carers Act）が成立している。これは精神障がい者を身近に看病している家族などの権利を定めたものである。ケアをする人の権利として、ケア計画作成に関与できること、個人情報を共有できること、ケアをしている人のニーズも査定されることなどが定められている。

　三野によれば、イギリスで行う家族療法は、集中的な個人セッションは時間がかかりすぎるという理由で行われていない。その代わり、簡易な心理教育は財政上の措置もとられているという。また、ロンドン南部のクロイドンの地域ケアでは、精神病院に代わって家庭で治療をする頻回の訪問を行う。これは「家庭治療チーム」と呼ばれている（三野 2010）。

　日本では、戦後民法が改正されても、恥の文化と私的扶養依存主義の特有さがあった（田中 2009）。非自発的入院に家族の同意を必要とする入院医療制度は韓国と日本でしか確認されていないことからもわかる。

　患者本人の治療に関して家族の義務規定があるのは、日本のみである(2014年改定された)。家族を対象にした2009年の調査では、本人のケアのために転職、退職した家族(40.4%)、信頼できる専門家に会うまで３年以上（24%）、今でも出会えていない人（34.0%）と家族の孤立や重い負担感の現状がある（厚生労働省障害者保健福祉推進事業報告書「精神障害者の自立した地域生活を推進し家族が安心して生活できるようにするための効果的な家族支援等の在り方に関する調査研究書」2012）。

　以上、脱施設化後の家族支援においては、米国、イギリスでは、「家族」を精神障害の病因から、治療の協働者としての位置づけに変化させている。日本では、近年、家族の高齢化が問題視されるようになり、医療保護入院の義務規定が外されたところである。しかし、良くも悪くもわが国は、家族と病院を柱にして精神障害者の問題を取り扱ってきた歴史がある。例えば、嫌がる精神障害者を病院に連れていき、医師と家族で入院必要と判断し閉鎖入院にしていたのも事実である。しかし、精神障害者家族会の平均年齢が65歳を超

えており、現実的な施策が必要になってきている（白石 2011）。

1.2.8　地域移行後の患者に関する調査

　米国のバーモント州においては、1955 年に登録された 269 名の統合失調症患者の追跡 32 年の予後調査が 1980 に施行された。その結果、55%の患者は社会的機能不全がないか、あってもわずかであり、自立した生活を送っていた。同じような施策があるメイン州おける 1960-1975 年における長期経過と比較すると、バーモント州の患者の方がより症状が少なく、地域社会に適応し、社会的機能も高かった[3]。これは、バーモント州とメイン州の脱施設化の取り組みの違いである。メイン州より 16 年早く、脱施設化を掲げ医療と職業リハビリを統合したメンタルヘルスセンターを作っていたのである。メイン州では、ソーシャルワーカーによる外来でのアフターケアだけしかしていなかった。その後、バーモントの形式にしたがったが、障がい者への良い影響は与えることができなかった。

　一方、イギリスのバーチウッドが提唱した「治療臨界期仮説」は、発症後 2 年以内における病態水準が長期に持続しやすく、発症後およそ 5 年以内の治療の成否が長期予後を決定づけるうえで重要であることを示唆した。イギリスでは、この考えに基づき、国の精神保健施策として全国を網羅する早期介入サービスを設置した（松本 2009）。

　治療の遅れは精神病未治療期間と呼ばれる（DUP: Duration of Untreated Psychosis）。DUP 短縮は最近の研究の成果として早期介入の目標の 1 つにされている[4]。現在は、イギリス、オーストラリア、北欧、イタリア、香港、シンガポール地域でこうした専門サービス実践とその役割についての研究が進められている（松本 2015）。

　サービスモデルでは、イギリスの OTP（optimal treatment program）が主である。これは、世界 26 以上の国と地域で実践されている。これは、ファルーンにより提唱され、地域において発生したあらゆる精神障がい、精神疾患に対して、エビデンスに基づいた専門的医療・保健・福祉サービスを各地域の特性に合った形で速やかに効率よく提供するものである(水野 2004)。生物医学的・心理社会的側面の両方を踏まえ、「積極的傾聴」「問題解決技法」「認知行動治療」などを駆使した、きめ細かいケアマネジメントとアウトリーチを多職種協働

---

[3] 「重度精神疾患を持つ人のバーモンドにおける経時的研究」(Harding 1987)

[4] ＤＵＰ短縮　精神病未治療期間（Duration of Untreated Psychosis）治療介入の遅れによる弊害の論。発症から受診までの時間をＤＵＰとよぶ。山崎は、この問題は「統合失調症の予防的介入に関する倫理的問題があり、慎重に議論を深めるべきた」　と警告している（山崎 2012）。

で行うことが特徴である。

　日本では、地域移行後の患者の調査はほとんどなく、入院患者について地域で生活が可能であるか判断する調査があるのみである。厚生労働省は、2004年「精神保健医療福祉改革ビジョン」で「受け入れ条件が整えば退院可能な精神障がい者の7万2000人を10年で退院させる」と示した。大島は、139病院からの統合失調症患者を無作為に選択し「受け入れ条件が整えば退院可能な精神障がい者」を調査分析した。被験者2758名について分析をしたところ、日本において1年以上入院しているが精神病院からの退院が可能である統合失調症入院患者数は、6万6000人と推定した(Oshima & Mino, 2007)。

1.2.9　地域移行と障がい者への差別

　精神障がい者は、偏見をうけやすい障がい者である。米国、南カリフォルニア大学のブレッケらは、1989～1991年に米国ロサンジェルス市街地に居住する統合失調症患者172人に対し暴力の被害者となる頻度と要因を検証した。その結果、年間逮捕率は、一般成人より45%高いが、その内容は交通違反や徘徊が主であった。逆に暴力被害者になる割合は、一般成人に比べて75-120%高い。かつ、59%は被害届を出していなかった（Brekke & Prindle, 2001）。

　イギリスでは、ジョームが、「一般大衆が最も手に入れやすいメンタルヘルスの情報の多くは誤解を招いている。一般大衆が精神的苦悩の専門的症状について理解することができない」と市民レベルでの理解の困難さを指摘している（Jorm 2000）。

　イギリスで起きたエピソードとしては、1992年統合失調症の男性が地下鉄のホームで人を刺した事件が挙げられる。この事件が起きてからイギリスでの年間の強制入院が70%増加することとなった。そして、精神科病院環境では、保安病棟が作られた。しかし、併行して精神保健法委員会という、強制入院させられた患者の権利を守る責任を持つ委員会が設置されている（浅井2004）。

　ドイツ、ベルギーでも精神疾患への偏見の研究がある。ドイツでは、4ケ所の地域センターでfocus group研究を行ったところ、「対人相互関係、構造的差別、市民の精神疾患に対するイメージ、社会的な役割参加」の4つの偏見が、統合失調症患者の生活へ影響を与えていた（Angermeyer & Schulze 2003, Angermeyer et al.2004）。その中では、「精神疾患患者」というラベリングが、人々に否定的な態度を引き起こすことがわかった。

　ベルギーでも、メンタルヘルス施設を利用する520人のデータから患者のスティグマに

よる社会否定、自己否定の関連を調べたところ地域での支援の内容より、病院の入院歴がその後の統合失調症患者の偏見に影響していた（Verhaege 2007）。このように、一度貼り付けられたラベルは、精神障がい者の人生に大きく影響するものである。

ここで、日本で公開されている犯罪率を確認しておこう。平成 25 年度の犯罪白書によると健常者の犯罪率は、94 万人/12000 万人＝0.008％（127 人に 1 人）、精神障害者の犯罪率は、3460 人/320 万人＝0.001% (924 人に 1 人)である。このように、精神障がい者の犯罪率は健常者より低いが、メディアの扱いにより偏見は、助長される。

その 1 つの例が、2001 年に児童 8 人が犠牲になった大阪教育大附属池田小学校の無差別殺人事件である。この事件は、薬が効かない反社会性人格障害による犯行であったが「精神障がい者は何をするかわからない」という報道が大きくなり心身喪失等の状態で重大な他害行為を行った者の医療及び観察等に関する法律（医療観察法）が成立した。しかし同時期、日本神経精神医学会は、家族会の要請に応えて「精神分裂病」を「統合失調症」に変更し、この病気の説明概念を変更している。2004 年には、厚生労働省が「こころのバリアフリー宣言」を発表し、アンチスティグマ活動を展開しているところである。

以上、精神障がい者の犯罪の問題と絡めて病、障がいへの「偏見」の実情を概観した。各国ともに、専門家による病そのものへの悲観論は見直されているが、犯罪に関わるような事件、つまり市民レベルで作られるバリアは依然高い状況である。統合失調症を持つ人の場合、犯罪率が低くてもエピソードは強いインパクトをもつ。そのためメディアに乗ると瞬時に因習的な社会的スティグマを助長してしまう。差別や障がい者に対する暴力の問題は地域移行後の障がい者が抱える最大の問題である。

1.3　脱施設化と日本の課題

日本では脱施設化を推進するにあたって、以下のような問題が残っていると言われている。（1）精神障がい者の身体疾患を無視した医療法（2）EBM の不足した治療ガイドライン（3）社会福祉施設の不足（4）理念先行のケアマネジメント（5）1990 年以降の精神障がい者雇用対策（6）家族の保護者としての負担（7）アウトカム評価の研究の信頼性の曖昧さ（8）入院重視の診療報酬、人権軽視である。そしてこれらが絡みあっていた。他国に比べ整っているのは、フリーアクセスによる医療保険制度といえるだろう。

米国とイギリスにおける脱施設化後に生じた問題は、ホームレス化、薬物依存の増加、退院後の身体疾患の医療不足、地域における精神保健福祉サービスの不足に集約できる。

脱施設化前に長期化した患者群は「Old Long Stay」と呼ばれるのと対比して、脱施設化を推進したために生活上の困難を抱えた人は「New Long Stay」と呼ばれている。現在、各国はこの「New Long Stay」の対策のために地域精神保健医療体制の整備が進んでいる。特に米国・イギリスでは、自助組織の発達が顕著である（緒方 2004）。

　この結果を踏まえ、改めて日本の「脱施設化」について考えてみよう。

　現在、日本の精神科病院の特徴は２極分化している。長期間入院した患者が高齢化するとともに、新しく入院する若い患者の平均在院日数は１ケ月から３ケ月と極めて短くなっている。入院患者も平均年齢が、50 歳を超える精神病院も少なくない。限られた予算を分配するという経済効率の国の考えそうな視点でみれば、ターゲットは「Old Long Stay」の対応策と、若い患者の雇用対策ということになる。しかし、「Old Long Stay」の退院が出来ない場合はどうなるのか。

　精神病床の設備構造等の基準に関する検討委員会の委員であった伊藤は、「優先順位の高い政策課題」として患者層を３つに分類した。数十年入院して高齢化している 1) 歴史的長期入院患者、近年入院してきた 2) 認知症高齢患者、近年入院してきた 3) 比較的若い入院患者である。歴史的長期入院患者については、「精神障がい者の寿命は一般人口より短く、カナダでの調査によると約２割短いという結果もあり、減少が近い将来訪れることは間違いない」と述べている（伊藤 2002）。

　ここで伊藤の述べる「減少」とは死亡退院を意味する。その予測は、見事に的中している。岩尾は、「無策ないし、非倫理的な政府は財政悪化を口実に超高齢化社会に充ち溢れる認知症の安価な収容先として精神科病院を選ぶ。そして、合併症受診抑制政策によって、身体疾患にまともに対処されないまま、悲惨な死を迎える人々を大量に生み出すことになる」（岩尾 2013）と暗たんたる指摘をした。その後、2015 年に厚生労働省の立場から「長期入院精神障害者の高齢化により、その過半数が 65 歳以上の高齢者となっている」と報告があった（尾崎 2015）。また精神科病院内で死亡する患者が、年間 2 万人に達していることはあまり知られていないことだ。

　このような、わが国の精神医療政策の変遷が教えてくれるのは、政策実行不可能な旗揚げばかりであることである。72000 人の退院促進の裏では、死亡退院促進も含んでいるのだ。が、これは序の口である。キモ入りで行われた「精神障害者退院促進支援事業」を使っても、退院できた人はわずか 2400 人であったのだ。新居は、ＨＰ上でジャーナリストの

大熊と対談し「大いなるまやかし」と精神医療政策を喝破している[5]。

　さらに、2014 年に厚生労働省は、2015 年から 17 年の 3 年間に長期入院高齢者のうち 1 万 8000 人を在宅に戻すと発表した。「地域における医療及び介護の総合的な確保を推進するための関係法律の整備等に関する法律」（以下医療介護総合確保推進法）の趣旨をふまえて介護保険を砦にして、長期入院高齢者の最後の押し出しにかかっていると思われる。この公表の根拠は新規の認知症者で当面のベッドを埋めることができるという計算であろう。

　果たして 1 万 8000 人の在宅移行の実行可能性はどの程度なのか。またしても数字のレトリックがあるのではないか。入院患者で 65 歳以上の精神障害者には残された時間はそれほどない。ところが、2012 年精神科病院協会会長はわが国の精神医療施策を「Japan　as NO.1」と極めて楽観的な意見を述べている。それは、2012 年 1 月に精神科病院協会誌の巻頭言として会長の山崎学氏が提言したものである（山崎 2012）。山崎氏は、「欧米の脱施設化は、精神科医療に対する国の財政的困窮の結果という側面と、イタリアに見られるような政治運動の一環として行われたという両面性をもっており（略）現在では急性期対応ができず悲惨な状態にある」と述べる。加えて、日本は「アクセス、コスト、アウトカムいずれにみても、日本の精神科医療が世界一だと思います。日本の精神科医療関係者は、日本の精神科医療を誇りと自信を持って世界に向かって情報発信するべきだと思います」と締めくくっている。歴史的長期在院者にとっては「待ったなし」の事態にもかかわらず、日本精神科病院協会会長は、極めて楽観的に「日本は一番である」と述べている。その後、全国「精神病」者集団、「東京都地域精神医療業務研究会」が日本精神科病院協会に抗議文と質問状を発表しているが、反応はないようだ。これは、身に染みた医療者のパターナリズムなのか。日本精神科病院協会にとっては、病床削減で得られる恩恵がないため「否認」という態度をとっているのだろうか。実際、日本精神科病院協会の常任理事の千葉は「民間事業者（精神科病院）が、経営に関係のない部外者にあれこれ言われる筋合いではない」と述べている（千葉 2015）。過去に「日本の精神病院経営者は牧畜業だ」と日本医師会の武見氏が過去に述べたことは有名だが、わが国の精神科病院の隔離・収容意識は根深いものがある。

　改めて結果を総括的にみると、脱施設化は、世界的な流れである。詳細な要因を解明することは困難であるが、今や病床を話題にすること自体、終わりを迎えている。米国もイ

---

[5] 「新居昭紀、大熊一夫　対談　ピアクリニック」http://www.peerclinic.jp/cn49/pg444.html

ギリスも、保護から保護施設減少の時期を経て、古い保護施設システムから新しい地域精神保健医療体制を組み直している（Novella 2010）。

　それに比べるとわが国の病床数の多さは、海外からは異端視されていると同時に商業経営化した医療と揶揄されている。わが国の場合は、収容から地域への改革が実証的なものになってきたのは、ここ10年であるといってよいだろう。

　しかし、日本の状況を山崎氏のように「Japan as No.1」とポジティブに捉えるか否かは、単純に論じられる問題ではない。上記で整理したように、各国が精神医療の未来に向けて方向性を打ち出すことと、具体的な実行とではまるで違うからだ。例えば、厚生労働省が公表しているパブリックな検討会では必ず「医療から地域へ」が掲げられている。しかし、実際の予算配分は精神保健医療の275億円のうち、地域移行はわずか1.3億であることをみても国の提示は、大いなる矛盾をはらんでいると言っても過言ではないだろう（内訳は、医療観察法に213億、精神科救急は20億、アウトリーチ6.8億、高齢・長期入院精神障害者地域移行・地域定着に1.3億）。国の姿勢だけではない。精神保健福祉現場に従事している者は、この上から下ろされてくるマスタープランが、すでに無効であると知りつつも声にしないのである。その理由の1つには、病院の給与、福利厚生などの雇用先を失うことになるからであり、いま1つは製薬会社が薬の売り上げを伸ばすことを目的として従来の疾患概念や範囲を変える「Disease mongering」が、暗黙に存在しているからである。

　つまり、わが国の脱施設化については「どう行動するか」の部分の論議が抜け落ち、ポジティブな心の有様だけが脈々とかつ、ソフトに強調されているだけなのである。再度述べるが、被害を蒙るのは精神障がい者当事者である。勝又は「偶然日本という国に生まれた人が、他の国に生まれていれば実現できただろう地域生活ができないというのは、おかしな話ではないか。どこに生まれてようと守られるべきなのが人権である」と指摘した（勝又2013）。現在入院している統合失調症患者の平均年齢が50代であり、長期入院患者の大半が65歳以上であることを鑑みれば、のんびりは、していられない。確かに日本の精神科病院の平均入院期間は,300日を切った。しかし厚生労働省の患者調査によれば「統合失調症」の平均入院期間は、2011年は、628.5日で2008年度の601.1日から増加しているのである。

　どの政策と実践が精神障がい者の生きる時間を剥奪しているかを見極めなければならないと考える。なぜなら、時間とは、生活そのものだからである。時間を奪うものは、命を奪うものである。自分の生活そのものをこの不可解な管理下に委ねて良い訳がないのだ。

わが国が、精神障がい者に対する時間剥奪を許す条件を創り出しているのだとすれば、それはいかなるものなのだろうか。本当に日本精神科病院協会会長が言うように、今のわが国の方向性がポジティブなのだろうか。この件について以下の章から、検討していくことにしよう。アレン・フランシス・大野裕監修・青木創訳、2012、『正常を救え―精神医学を混乱させるＤＳＭ５への警告』講談社.

第2章　日本の精神科医療における
「医学モデル」と「生活モデル」

　精神障害者が病院から地域に移行するには、当事者への対応が病気の医学的治療を中心とする「医学モデル」から、地域における生活の支援を中心とする「生活モデル」に転換する必要がある。本稿では、「医療から地域へ」の出発点となる精神障がい者の「治療～回復期」の病期に着目し、医師が治療モデルの視座を「医療から地域へ」に合わせてどのように「生活モデル」へシフトさせたのかについて分析する。

　具体的な分析の前に、こうしたモデルシフトについて、またその背景について概要を述べておこう。

2.1　医学モデルから生活モデルへ

　本稿では、「医学モデル」という場合は、西洋医学の基本的な枠組みであり、当事者の抱える困難の原因を個人に求め、その原因を正常からの逸脱・異常・病理としてとらえ、それを回復させることで問題解決を図るという手段を表現するものである。

　コーヘンは 1960 年代に、「医学モデルとは、病の原因を医学的に規定して、投薬、その他の医学の治療法により回復を目指すもので、疾病を「正常からの逸脱」と捉えていくことである」と述べている（Cohen 1961）。また、1973 年にラザレは、精神疾患に用いられているモデルを医学モデル、心理学的モデル、行動科学的モデル、社会学的モデルをあげ「患者がどのように診断、治療されるかは医師がどのモデルを用いられているかに依存している」と述べた（Lazare 1973）。1970 年初頭までは、精神医学内においてもこのように疾患の多様な解釈やモデルを許容していたと言える。

　しかし、その後、精神科における治療モデルは、1980 年の DSMⅢの登場で「医学モデルが再導入された」といわれるようになる（2013 石原）。これは、「脳のメカニズム」を優先する再医学化の試みである。コンプトン＆グーズは、「医学モデルとは、外因要因によって精神疾患を説明するのではなく、精神疾患の主要な器官である脳のメカニズムを探求することを重視するものとされている」と述べている（Compton & Guze 1995）。

　医学モデルに基礎をおくと、人は「病」と「障害」がない状態を前提とされ、それの克

服と改善が目標とされる。かつ、この「医学モデル」を優先すると「障害」は個人レベルでおこる身体・精神機能上の制限、インペアメントそのものとなり（Thomas 2002）。当事者にとっては、このインペアメントが解決されるまで治療の対象者であり続けなければならなくなってしまう。慢性疾患が疾患の主流となった現在では、実情に合わないだけでなく、長期入院を生み出す原因にもなりかねない。これが医学モデルのジレンマであり、限界といえよう。

　第2に、この「医学モデル」の対置概念としての「生活モデル」がある。これは、元来医療よりも障害者福祉の領域で使われてきた用語である。この用語は、医学モデルへの懐疑からバンドラーが 1963 年に提唱した(Bandler 1963)。その後、1980 年にジャーメインとギターマンの「生態学アプローチ」において人と環境の接触面の不適切な交互作用に対する調整として「生活モデル」が定式化されている。ジャーメインは「エコロジカル・パースティクティブとは、生物体がその環境に適応しようとして自己を変えたり、環境を変えたり、あるいは両方を変えるということを示しているのである」と述べている(Gitterman & Germain 1976)。

疾病モデルDisease Model 医学モデルMedical Model	生活モデル　Life Model 社会モデル SocialModel
身体の異常、症状、病理に着目　部分（部位、臓器、器官、細胞、分子、遺伝子）に着目	生命体や生活体などの心身の全体や身体と精神や社会との相互関係に着目
異常、症状、疾病、病理など悪い状態や病んでいる状態（illness）に着目し、そのマイナス面やネガティブ面の除去や軽減を目指す	正常、生理、順機能、活力、エネルギーなど良い状態（wellness-well-being)に着目し、プラス面の維持や強化を目指す
細菌、ウィルス、有害物質、環境など生物的、物理化学的な特定要因の解明を目指す	意識、主観、価値観、あるいは生活水準や環境、行動、生活様式など精神的、社会的、文化的、経済的な複合要因に着目する
明確な証拠や客観的に実証が可能な事象を重視する	心理や意識や価値観などといった人々の意識や主観の世界を重視する
高度医療技術や情報社会化の進展に期待する	日常的な生活関係や場面の役割や力などを重視する

表5：園田における医学＝疾病モデルと生活＝社会モデルの対比（園田 2004 から著者が作成）

また「生活モデル」は「リハビリテーションモデル」ともよばれる。江間は、医学モデルからリハビリテーションモデルへの転換を主張しているレジンの「病気は人生そのものではなく、その人の生活の一部に過ぎない」という主張を紹介している（江間 2005）。

生活モデルが医学モデルと異なる点は、疾患を人と環境とのかかわりの中で捉え直すということである。一見、あたり前すぎる考え方だが「生活モデル」は、利用者の人権尊重と参加に代表されるコンシューマー主義をもたらした概念である。わが国では、園田が以下のように比較をしている（園田 2004）。

2.2 分析の背景となる精神医療福祉行政の動向について

次に分析の背景となる精神医療の地域移行行政の2000年から2013年の動向を整理しておこう。本稿がこの時期に焦点を当てた理由は、国が 2003 年から 2013 年まで施設から地域への移行を促進し、地域での生活を基本的方向とする「障害者基本計画」を提示したからである「障害者基本計画」では、次のことが明記されている。

> 精神障害者ができる限り地域で生活できるようにするため、居住生活支援事業の普及を図るとともに、ケアマネジメントの手法の活用の推進を検討する。特に条件が整えば退院可能とされる者の退院・社会復帰を目指すため、必要なサービスを整備する。
>
> 精神障害者及び家族のニーズに対応した多様な相談体制の構築を図る。当事者による相談活動に取り組む市町村への支援を検討する。

本稿では、この「障害者基本計画」に沿い病院における治療構造がどのように生活モデルに変化したのかをみていきたい。それは、2006 年 12 月 26 日「障害者保健福祉関係主管課長会議資料8」で「医療だけが資源」の地域から「医療も資源の地域づくりへ」という方針が高々と掲げられたからである。まず、時代的背景を理解するために、2000 年から 2013 年前後までの精神障害者施策変遷の重要な局面を整理しておこう。

まず、国に先だって 2000 年に大阪府が「社会的入院解消研究事業」を開始した。2002年には、「社会的入院患者について、10 年で 7 万人の社会復帰を目指す」とする報告書骨子案を厚生労働省が作成した。2003 には「精神障害者の地域生活支援の在り方に関する検討会」が設けられ「精神障害者退院促進事業（モデル事業）」を国庫補助事業とした。この事業は拡大せずに終わったが、厚生労働大臣を本部長とした「精神保健福祉対策本部」が

設置され、2004年の「精神保健医療福祉改革ビジョン」では、「72000人を今後10年間で地域移行させる」と明言した。このビジョンでは「入院医療中心から地域生活中心へ」という基本方針が提示された。そしてこれを実現するために、①国民の理解の深化②精神医療の改革③地域生活支援の強化をその後10年で進めることも打ちだされた。

　2006年には、「精神障害者退院促進事業」が全国実施された。2007年には、障害者自立支援法下に「精神障害者退院支援施設」が新設、「精神障害者退院促進事業（モデル事業）は、「精神障害者地域移行支援特別対策事業」として各上げした。この年には地域域生活移行の取り組みが診療報酬改定で評価されることにもなった。また「今後の精神医療福祉の在り方に関する検討会（全24回開催）の最終報告書「精神保健福祉の更なる改革にむけて」が公表されている。2008年は社会保障審議会障害者部会第32回資料で、何の前触れなく72000人を49000人と変更するという不可解な事もあった。さらに2009年には、「改革ビジョン」後期5ケ年計画重点施策群策定、新たな地域精神保健医療体制の構築にむけた検討チームが発足、2010年には「精神障害者地域移行支援特別対策事業」は「精神障害者地域移行・地域定着支援事業」に再編し、相談支援体制の充実として改正された。また、ピアサポーターの有効性が評価されるようになった。

　加えて2010年は、内閣府に設置された障害者制度の推進改革推進会議が「障害者制度改革の推進のための基本的な方向について」と取りまとめ閣議決定された。この中で、医療には「退院支援・地域生活支援」「強制入院・保護者制度の見直し」「精神科病院の人員体制の充実」という3本の柱を示し施策の方向性を打ち出した。とくに「退院支援・地域生活支援」については①第3期障害者福祉計画（都道府県）における明確な目標値の設定②アウトリーチ（多職種）による訪問支援の充実③夜間・休日の精神科救急医療体制の構築④医療計画に記載すべき疾病への追加⑤地域・移行支援生活支援の創設⑥宿泊型自立訓練施設の機能強化⑦今後の認知症対策についての方向性を打ち出すなどの施策が提示された。

　2011年からは、「精神障害者地域移行・地域定着支援事業」は、成果が出ないまま「精神障害者アウトリーチ推進事業」に7億円の予算が付き引き継がれている。もともと、限定的であった「地域移行支援事業」は2012年には、自立支援給付の対象になった。地域生活の準備、サービスを見学するための同行支援、入居支援は地域相談支援として個別給付化され、都道府県・政令市からの委託事業ではなく、民間事業所の判断で取り組むか否かは決められることになった。地域移行支援の有効期限は6ケ月以内、地域定着支援の有効期間は1年以内となった。2013年に障害者自立支援法は、「障害者総合支援法」に改称、2014年には、先

の改革ビジョン策定から 10 年が経過し、成果がないまま「改革ビジョン」は終了している。

　上記のように、勢いのあるスローガンを次々に掲げきた施策だが、スローガンの割に実績は伴っていない。精神病床は現在、35 万床程度でやや減少傾向にあるものの、大きな変化はみられない。

　国の公表によれば、地域移行支援事業の実績は、7 年間で 7903 人に支援が組まれ、2819 人が退院している。2004 年に明言した「10 年間で 72000 人を退院できる」とはかなり差がある実績である。退院累計が 2819 人（2009 年）ということに対し「成果が乏しい」と評価があり「事業仕分け」の対象事業となってしまった。

　結果として精神障害者地域移行・地域定着支援事業（補助事業）は縮小となり予算は、2011 年 6.7 億、2012 年 3.2 億、2013 年 2,1 億と目減りしている。改革ビジョンと実態の乖離の問題はこの顛末からもわかるように未可決のままである。一体、この 10 年は何だったのか、地域への退院の実態は伴わないのはなぜなのか。事業仕分けの対象となり、事業が縮小した時、地域の精神科医の羽藤はこう述べた。

　　　確かに、実績数は少ない。しかし，数には表せない大きな成果があったと言われている。<u>相談支援事業所の職員が精神科病院に出向き，病院職員と一緒に対象患者に働きかけ，「退院する気がない」患者を退院する気にさせ，退院準備，退院，地域定着に至る。地域定着までには，どのケースも 1－2 年かかっている。その間，病院，家族，地域の関係者を巻き込んだ波乱万丈のドラマがあったと聞く。</u>"退促"事業を通して，相談支援事業所の職員はとても力をつけた。さらに，相談支援事業所を核にして，精神科病院，診療所，保健所，福祉事務所など地域の社会資源のつながりがつくられた。実績数は少なくても，"退促"事業は精神障害者を地域で支える基盤をつくった（羽藤 2012）(下線強調は引用者)

　このように、相次ぐ法改正の下でも支援者達は奮闘してきた。羽藤の言うように実践者の手抜きによって 2819 人となったのではないのだ。対象者 1 人に 1-2 年もの関わりを続けて、この結果なのである。

　ここで、筆者の初めの問題意識に戻ろう。やはり、改革ビジョンと実態の乖離の原因は積み上げられた実践を正しく分析する必要があるのではないか、と考える。国の呈示する改革ビジョンと羽藤の報告したような実態との格差を分析する必要がある。本稿では、精神科医がこの相次ぐ法改正の下で、どのように症例に向きあってきたかを考察することで、

その手がかりをみつけたい。

　なお、これから分析をすすめる前に統合失調症をいかに捉えるか、という視点を明確にしておきたい。まず「精神障がい者の定義」、次に「国際生活機能分類（ICF）」の概念、さらに「精神分裂病」の病名の変更は重要事項である。この3点を整理しておこう。

2.3　精神障がい者の定義

　精神障がい者をいかに捉えるかという視点を明確にしておこう。1つの法律の中で1つの用語に2つの定義をおくことはできないはずなのだが、ダブルスタンダードで精神障がい者が規定されている。1995年の精神保健法から精神保健福祉法に改正される際に、医療と福祉の関係を次の2つの障害概念の整理と合わせて明確化された。1つは、精神疾患としての「精神障害者」（mentally　disordered)であり、もう1つは福祉対象者である障害者の一員としての「精神障害者」(mentally disabled)と二重規定になったのである。精神障がい者は、長きに渡り「精神疾患患者としての精神障害者」という文脈で使われてきた。改正された新精神保健福祉法の規定でも、医学的な障害概念としての精神疾患を有する者として、法第5条の規定『この法律で「精神障害者」とは精神分裂病、精神作用物質による急性中毒又はその依存症、知的障害、精神病質その他の精神疾患を有する者をいう』がある。これは、病名列記の医学モデル型規定である。

　しかし、1993年に心身障害者対策基本法の改正によって成立した障害者基本法は第2条において「障害者」を次のように規定した。「精神障害があるために長期にわたり日常生活または、社会生活に相当な制限をうけるものをいう」これは、単なる病者ではなく社会生活遂行上の困難を有する「障がい者」として認知されたものであった。その証拠に、精神障がい者の手帳の1級から3級も定められた年でもある。この級の判定には「機能障害に加えて生活能力から総合的に判定は行うもの」とされた。さらに、2011年の改正障害者基本法（法第2条）では障害が単に本人の属性としてではなく、社会体制全般との相関によって生じるものとなった[6]。この

---

[6] 池原は、精神保健福祉法5条の定義構造が精神疾患を有する者＝精神障害者ということとしていることが問題になると指摘する。「精神障害者」の法の概念の構造は、医学的な診断をそのまま法概念として取り込む形になっており、そこに規範的、あるいは、法的な評価が加えられる余地がない概念となっている。法的な観点からすると、「精神障害者」であることは、措置入院（29条）や医療保護入院（33条）などの強制入院要件の1つになっているのであるから、恣意的な強制処分がなされないための診断基準の明確性と客観性が必要である。仮に医学的には精神疾患とされる場合であっても、およそ強制入院などの医療強制の対象として適さないと考えられる場合がある。その場合、入院治療によって傷病が何ら改善しないのに、入院治療を強制することは制度の矛盾である、と述べている。

ように、精神障がい者は分野、法律ごとに異なる概念でとらえられている現状を確認しておこう。[8]

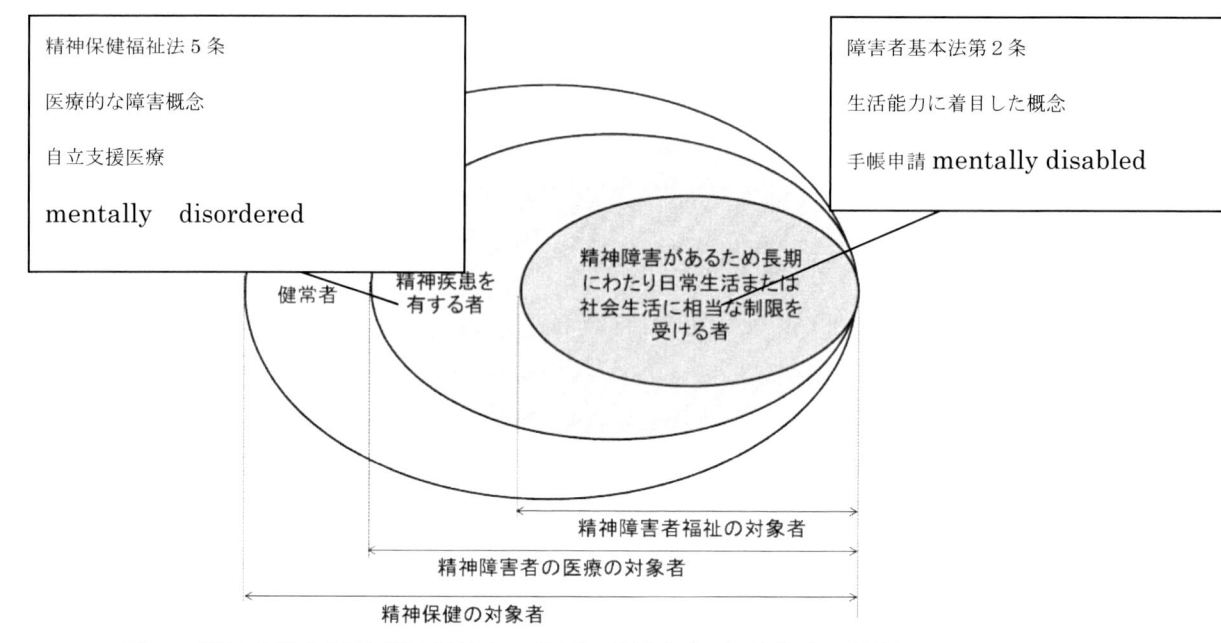

図1　精神保健と精神保健福祉との関係（概念図）と対象者の範囲

精神保健福祉法詳解　P51 1998

　何ゆえ、「定義」が2つもあらねばならないかは、精神疾患が可変的でありその影響が障害に影響し、またその影響もまた疾病に影響するためである。この影響し合う部分を診ていくことが治療者には必要になる。

2.4　ICIDH から ICF へ

国際的な動向としてこの10年は注目すべき事がある。それは2001年にWHOが「国際障害分類（ICIDH）」の改訂版として「国際生活機能分類（ICF）」を呈示されたことだろう。

　WHOは、1980年「国際疾病分類」（ICD: International Classification of Diseases）の補足のために、疾病の諸帰結の分類として「国際障害分類」（ICIDH: International Classification of Impairments Disabilities and Handicap）を公表した。このICIDHは、疾病によりもたらされた障害を「機能障害」「能力障害」「社会的不利」3つのレベルに分類している。

　その後、「能力障害」「社会的不利」というマイナスイメージを伴う用語を避け、「活動」「参加」というプラス用語に変更した。そして、個体の障害は環境要因との相互作用で規

定されるとした。これによって、ICF(International Classification of Functioning, Disability and Health)が採択された。これは障害に限定せず全ての人々の生活機能を対象とし、環境因子の重要性を提起したものである。これによりケアの目的や、問題の原因についての考え方が変化した。特に生活機能というプラス面のなかに「障害」というマイナス面があるとしたことである。ICF では、障害はマイナス面ばかりではなく、実はプラスの部分があり、それがマイナスを超える可能性も明示した。この ICF は、先に提示した医学モデルと生活モデルの対比において内実を理解するにもわかりやすい概念である。

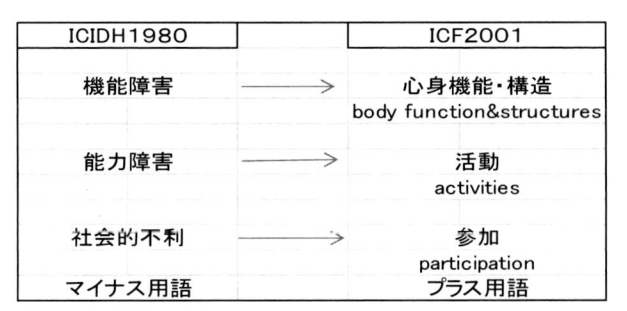

表6

ICF における用語の変化

2.5　精神分裂病から統合失調症へ

「精神分裂病」から「統合失調症」への変更の契機は、当事の全国精神障害者家族会連合会から日本精神神経学会に何らかの対応をとるようにとの要請（1993）がなされた。家族は、「精神分裂病」が偏見と差別を助長するものとして変更の要望したのである。それを受けて日本精神神経学会は、2002 年に言語本来の語義を翻訳した「統合失調症」という用語を採択、決定した。そして、厚生労働省は、診断書などで「統合失調症」との記載を精神分裂病と見なす旨を通知した。この経緯は、家族の要望をうけて変更という点で当事者中心の精神科医療を具現した画期的な出来事でもある（岸本 2012）。下記の表 7 に示したように、「統合失調症」の病名変更に併せて「慢性進行性に人格が荒廃する不治の病」という概念を改め、薬物療法と心理社会療法によって回復可能とする疾病概念も刷新となった。さらに、2005 年障害者自立支援法の成立に伴う精神保健福祉法改正では、法律用語としても「統合失調症」が採用された。この年に全ての病名が変更されたことになる。

表7 病名変更によるコンセプトの変化

	精神分裂病	統合失調症
	1937年～2002年	2002年～
概念	疾患	症候群
病因	内因	発症脆弱性
病態生理	不明	神経伝達系の障害
病気と人格	不可分	別の次元
診断	病因論	操作的診断基準
転帰	不治	回復可能
治療	身体療法	薬物・心理社会療法

　以上、ダブルスタンダードとなっている精神障がい者の定義、ICID の概念、そして病名の変更、これらの変遷によって精神障がい者の社会的なポジションが変化してきたことを確認した。精神保健福祉の領域では、今「地域」「生活」という言葉があたり前になっているが、その背景には、以上のようにめまぐるしく変わる要因があった。はたして、この変動の中で精神病院内での統合失調症の治療はいかに変化したのだろうか。

　統合失調症者は「病者」から 1995 年に「障害者」と規定されるまでに長い年月を要した。その後の 2000 年から 2013 年時期に、医師は、統合失調症患者への視座を「治療（薬物）を受ける者」から「生活（教育）を受ける者」へと国のスローガン通り変えたのだろうか。国が示すような「医療だけが資源」の地域から「医療も資源の地域づくりへ」という方針にしていったのだろうか。

2.6　「医学モデル」から「生活モデル」へ

　上述のような背景を念頭におきながら、以下では、『Schizophrenia　Frontier』という統合失調症の専門誌に医師が投稿した困難事例を分析の対象として、統合失調症専門医における「生活モデル」への認識について考察したい。

　『Schizophrenia　Frontier』を用いたのは、この雑誌が日本の統合失調症専門医にとって数少ない専門誌であり、精神科病院に勤務する医師の日頃の臨床をタイムリーに記述される言説を広く収集し、かつ、第一線で統合失調症の治療に携わる医師の若手からベテランまで執筆者として挙がっているからである。

　精神医学系雑誌はわが国では 20 誌あり、その内の２つが統合失調症に特化したものである。１つは『統合失調症のひろば』もう一つが『Schizophrenia　Frontier』である。『統合

失調症のひろば』は啓蒙的色彩が強い雑誌で、統合失調症の専門家より一般精神科医や他科の医師を読者として想定している。『Schizophrenia　Frontier』は海外の最新の治療の動向なども含まれ、より専門性が高い。

　もちろん、ここで得られたデータが統合失調症治療の言説の総体であるとは主張しない。しかし統合失調症の専門性に限定した内容、医師を読者と想定している『Schizophrenia Frontier』は、2000年から2012年時期にかけて医師がどのような治療モデルを想定していたかの動向を明らかにするには適切と判断した。また、統合失調症の治療の困難さが時代によりいかに意味づけられてきたのかも抽出できると考えた。

2.6.1「困難な症例から学ぶ」の概要と分析方法

　2000年から2012年にかけて『Schizophrenia Frontier』に掲載された「困難な症例から学ぶ」という医師同士で行われる誌上スーパービジョンが分析対象である。この期間（13年間）に全体で45回掲載されている。

「困難な症例から学ぶ」は、臨床医が、治療上困難さを感じた症例を誌上に提出し、他医師から指導を受ける内容となっている。つまり、「困難な症例を誌上に提出する行為」は、支援者が抱える多くの症例の中から1つを特定し、検討の場に呈示することであり、その事例が支援者にとってその時期に治療していた中で困難の度合いが相当高かった状態を示しているといえる。つまり、この掲載の内容は、過去13年間の時間軸での困難さが分析できるものと考える。

記事の形式について

　まず、初めの1頁に要約が300字程度あり、症例（年齢・性別）既往歴・家族歴などの記載のあと、症例への治療経過が4000字程度で記載されている。その後、COMMENTとして2名の指導にあたる医師がそれぞれ症例提出者へ2000字程度、計4000字程度の記載がある。

分析方法

　本稿では、まず「困難な症例から学ぶ」の45の事例の題名と要約部分と内容の症例への治療経過を読み込んだ。次に、症例提出理由要約へ戻り、提出者の主訴をラベルとして抽出した。提出者の主訴は、その後の治療経過4000字程度と併せて読み込んだところ、それぞれの事例につき1つのコードに特定でき、複数のコードをもつ事例はなかった。この

コードを下記の判断基準によりカテゴリーとして分類した。判断基準の作成は、障害者福祉の専門家2名に確認を依頼し、その妥当性を検証した上で、分析は筆者が行った。最終的な分類は、精神保健福祉の研究会で発表しその時のコメントをもとに修正を行った。このため分類については十分に専門的な妥当性を確保できているものと考える。時系列の内容は表8、入院、外来別に分けての表記は表9、障害構造の「医学モデル」「生活モデル」に分けて整理した内容は図2に示した。

2.6.2 「困難な症例から学ぶ」45事例の分類

「困難な症例から学ぶ」45事例の分類基準を次に示す。

①診断・治療一般に関する困難さ

　ここでは、診断および治療一般について医師が困難を感じている事例を分類した。患者と医師の関係が治療上重要な問題となる場合も、治療上の問題としてここに分類している。ただし、薬物選択に関連することが主たる内容である場合は、下記の②に分類した

②薬物に関する困難さ

　薬物の選択や副作用問題などの困難は、治療とは別に枠を設けた。ただし、服薬指導や服薬に関する患者教育問題が主たる問題の場合は③の「リハビリ・教育」に分類した。

③　リハビリ・教育に関する困難さ

　他科とのリエゾンの方法や、他職種とのチームワークを形成すること、患者への社会生活技能訓練の効果に関する内容はリハビリとして判断しここに分類した。医師自身が自身のコミュニケーション力が課題と捉えている場合には、教育プログラムに関する内容としてここに分類した。

④　福祉・権利擁護に関する困難さ

　「生活モデル」という語が明確に用いられている場合は、福祉の視点としてここに分類した。また、患者の権利擁護として行った介入が、結果として上手くいかなかった場合の苦難などもここに分類した。

⑤　家族問題に関する困難さ

　患者の家族自身が加齢や理解力が低いなどにより院内での治療環境が安定しない事例はここに分類した。また、患者—医師関係は良好であっても家族が医療不信を抱えていると考えられる例もここに分類した。家族が患者への虐待をする加害者であることが明確で家族療法が必要な事例もここに分類した。

　事例の5つのコードを「医学モデル」と「生活モデル」という概念を用いて、カテゴリー化すると、おおむね、1)「診断・治療に関する困難さ」および2)「薬物調整に関する困難さ」を「医学モデル」とし、3)「リハビリ・教育に関する困難さ」、4)「福祉・権利擁護に関する困難さ」、5)「家族問題に関する困難さ」を「生活モデル」として解釈することができる。ICF を参考にすれば、心身の機能・構造については、1)と2)が該当し、活動については3)が、参加については4)と5)が該当するものと考える。

2.6.3　「困難な症例から学ぶ」45 事例の分析

　表 8 に 45 事例の概要を掲げた。タイトル、提出理由の要約、オープンコード、カテゴリー、事例の分類（入院・外来）をあげている。表 9 に、入院事例と外来事例に分けた上で、事例のカテゴリーを年度順に並べている。一見してわかるように、2003 年までは「医学モデル」カテゴリーが多く、2004 年以降「生活モデル」カテゴリーが増加している。図 2 は、年度毎のカテゴリーの件数を示している。少なくとも分析対象とした事例は 2004 年頃を境界としてかなり明確な内容の変化を示していると言ってよいだろう。次節以降は、この点について詳細に検討していこう。

表 8 「Schizophrenia Frontier」に掲載された困難事例の分類

刊行年	タイトル	提出理由の要約	オープンコード	カテゴリー名	入院事例/外来事例
2000	頻回に面接行為を繰り返し、薬剤な遂行した治療困難例	拮抗精神病薬による遷延性イレウスを起こした、安全な与薬おける、患者はさまざまの薬用性を経験	慢性症候群の対応	診断治療	入院事例
2001	アカシジア手足とする副作用のため、拮抗精神病薬が制限された症状	副作用が出現し、薬物の選択が制限された、拮抗精神病薬の出現しやすいへの薬物治療	副作用による選択	診断治療	外来事例
2001	保護室の中の"王女様"	保護室を約1日室して王女のように行動する患者になる	保護室王女のように振る舞う患者	診断治療	入院事例
2001	隣人に対する慢性妄想が持続し、治療に難渋した症例	隣人に慢性妄想がある、トラブルが起きたら入院させてくれないといった、自業的な面設での取り扱いについて	隣トラブル繰り返す患者	薬物治療	外来事例
2001	頻回の電気ショック療法を繰り返し、外来治療が困難な一例	麻痺性イレウスを呈する	電気ショック療法へのアドバイス	診断治療	入院事例
2002	麻痺性イレウスを繰り返し、薬物療法に困難をきたしている一例	在宅後20年経過中にひたすら、十分な薬物与与が困難である	イレウスにより薬物投与が困難	診断治療	入院事例
2002	診断と薬物治療に苦慮した患者家族分担病の症例	当初は初2回抵抗であったが、慢延経過で遷延性精神分裂	診断し直すること	薬物治療	入院事例
2002	消化器症状が前景に立ち、家族の対応に苦慮した思春期の精神分裂病	患者思春期の家族の例、西プランを示える強症状行動が止まらない、精神にある消化器症状がれない、家族への対応について	消化器症状が止められない	診断治療	外来事例
2002	40年以上にわたり、繰り返す問題行動を呈している症例	16初発発で、20回以上同じ病院に入院している、非定型精神病の診断について、非定型精神病の診断で良いのか	非定型精神病の診断について	診断治療	入院事例
2003	定型抗精神病薬から非定型抗精神病薬の治療への切り替えを試みた一例	ステロイド中、多彩な精神症状を呈し治療、早期に選好するべき薬剤の薬物選択	スステロイド投与中の薬物選択	薬物治療	外来事例
2003	主治医が変わりながら長期経過をたどった症状	主治医交代で、薬物の切り換え成功したが、すでに6回目の入院になった、総合失調症患者に戻すべきか	6回目の入院により再度変更すべきか	薬物治療	入院事例
2003	身体疾患が前景にたった総合失調症患者	高校に在籍している症病不軽症患者、身体的負担にふりまわされ、総合失調症の診断に戻すてすか	総合失調症の診断に戻す	診断治療	入院事例
2003	非定型抗精神病薬による維持治療中に血糖と異常の発生が予想される症状	体重測定、血糖値など問題し難て患者がない	検査患者の拒否する	薬物治療	入院事例
2004	非薬物療法を主とした福祉で大きな改善が得られた難治例	地域の精神保健福祉サービスを利用できる医デル改善を図るが、前身的に増えている症児をな変革が経済する	福祉サービス利用による症状が経済する	福祉・権利擁護	入院事例
2004	自閉を特徴とする重度から中度の知的障害を合併した症例	自閉を繰りにありハビリハビリholdingの効果得わるが、早期に診断が不可難る事例	心身機能の落ちている患者様の症例	リハビリ・教育	外来事例
2004	初期に選延症状が前景にたった総合失調症	近年、体力薬品の治療が陥易る症病のための入院、一性経治の症状かを患者を見立てか	性処経の対処する難しい患者	診断治療	入院事例
2004	地域における資源を利用し妄想行為が続く患者を治療する一例	同室の患者に対し暴力行為のあるため、保護室を利用している、新人が妄想に提出している、対応し薬物療法について	暴力行為し軽解する患者への対応	福祉・権利擁護	外来事例
2005	拮抗精神病薬により集中制度症状改善を試みた共同住宅居住者とした総合失調症の一症例	合併症の治療のある薬物療法の再用を問にあっころ、アンプリアート－キング症状の多行精が	地域デーム医療	福祉・権利擁護	入院事例
2005	出産後の子供の虐待が問題になった女性症状	62歳の女性患者にrisperidoneの投与を開始したところ、アンプリ症状の多行精が	暴力の副作用	薬物治療	入院事例
2005	地域生活を送っている患者への往診治療の一例	本人家族と育児問題などがあり、子供は乳児見例入ると人見になる、本人、医療への往診療り方と見立てについて	青年後見し少年見へ	福祉・権利擁護	入院事例
2006	治療チームや家族が問題に取り組まれてしまうケース	14年の間に5年間で症状かした、出産後精神症状を呈し、閉環境もの医療環り対応について	閉環境による影響	診断治療	外来事例
2006	長期の慢性症状を呈した症例	患者の妄想が多く看護師、医師間でない対話して新しい妄想例の入れる、患者との関わりたしてについて	妄想の対応へ様の対応	福祉・権利擁護	入院事例
2006	家族問に対する病的依存が一貫した治療経過に困難を呈した総合失調症の一例	保護室の自然な反復不全例み、薬局しても減点している、17歳のお母親の母親の対応不良への見立し	母親の医療不良への見立て	家族問題	入院事例
2006	自殺企図が含む衝動性の軽減がむずかし、入院症状の経過かたずしへの一貫した治療関係を継続、処方調整し続けた総合失調症の症例	統合失調症の告知により医療不良の患者は自殺を図る、どのような治療関係再継続、処方調整難しについて	両眼の医療不良な症状	福祉・権利擁護	外来事例
2007	入退院を繰り返す能力が欠かずず、入院保健・体相互役割が続総合失調症の一例	一般病で退院する退に経過行う対応病いした, さらに地域ケアの連携ケーム医療のあり方について	告知により自殺を図る症例	福祉・権利擁護	入院事例
2007	自殺企図、青年行動を繰り返し遷延性自閉症の一例	地域の介護福祉、老退院介うど施設・地域相互役割るか	地域ケアチーム医療	リハビリ・教育	入院事例
2008	家人の森総合失調病の発症にまつわる入院繰り返す事例	治療に手まてしているからなる入院新たな繰り返し起る事例	家族不在の家庭の子後	家族問題	入院事例
2008	治療アドヒアランスが続く、再度を繰り返す総合失調症の一例	本人家族一名る名化、親愛の変化の情報提供においても、家族の協力が伴えれない、薬物アドヒアランスが低い人への治療選択	退親の問題点は	家族問題	外来事例
2008	体系化された妄想に支配し、言動のまた、著しい衝動から繰り返し入院を繰り返す症例	著しい衝動性があり、放火をくりかえすため、慢重病する、危険な行動が為への対応方法	著しい衝動力でアドヒアランス不良	家族問題	入院事例
2008	虐待の家族関係を背景に、成人となり入院した家庭内暴力を呈した青年症例	父親からの虐待がありPTSDが発症する、父親症の虐待によるPTSDの鑑別診断について	虐待による衝動的の困難	家族問題	外来事例
2009	遷延性ストレス下ストレスチオジア抑うつ発病の治療の治療に苦慮し、精神社の悪化のために入退院を繰り返している一院入院保健への治療への治療選択	遷延性ストレス下ストレスチオジア抑うつ発病を繰り返す、精神社の悪化のための入院のように入の対応について	繰り返す退院歴の治療選択	福祉・権利擁護	外来事例
2009	遷発長期にわたる家族との関係が悪化した家庭で生活でし上手くいかない	SST導入により治療関係構築、地域医療サービス利用、患者とのコミューケーションの取り組み方が上手くいかない	繰り返す退院歴の治療	リハビリ・教育	入院事例
2009	半自傷繰り返す初発発から困難症あった繰延生総合失調症	わかかか家族機能に問題の初発発から新たな、家族環境サービス利用、患者在宅の家庭で生後が増加される	父親不在の家庭の子後	家族問題	外来事例
2010	果聴や見発性の症例のコントロールに苦慮した入院繰り返す総合失調症の一例	幻聴が目発性状あり、出現くりかえすの治療についての問題点は	幻聴の問題点と	診断治療	入院事例
2010	医療者間に抵抗を繰り返す薬の対応に苦慮した一例	抵抗する幻聴あり、全体看護家族を全サポートすることしてかけ、医療どうれれは	抵抗くりかえす家族のサポート	診断治療	外来事例
2010	治療開始の構築が困難であった妄想性症状が総合失調に苦慮した一症例	アドヒアランス不良で入退院繰り返す、治法延妄想疑になって治療関係の作り	アドヒアランス不良	リハビリ・教育	入院事例
2011	中且次療通院を妄想があた、外来で継続してくれる方策についての方案についての方策	中且次通院妄想あた、外来で継続して、保護者の同意得ないと治療につなげられられないについて	家族が自発的の同意得ない	実施問題	入院事例
2011	治療経過における変化した総合失調症の一症例	33歳の女性、結婚の希望があり、治法を自己相手に登楽、薬物治療の中薬物中用意、その後の対応について	結婚の希望による中断	福祉・権利擁護	外来事例
2011	再発、再悪を繰り返す総合失調症の一例	医師と職業では資質の判断基準に相違がある、再開職の頻客が増あり	職場での再発の頻度が不良	福祉・権利擁護	入院事例
2012	全身状態の悪化とデイケアの度々の度々原因かいている入院繰り返す総合失調症の一例	母親が死亡してから入院の場が相違が上昇している、家庭環境がデイケアのリハビリ中の度々	母親から入院頻度が上異	リハビリ・教育	外来事例
2012	経過ともに診断的変更していきにから診断がつけにくい	迅延傾向やの長いの抵抗症状を呈し、基本的薬物の基本症状についての治療	支援体制の整理に関して	福祉・権利擁護	入院事例

*外来/入院かは内容から判断した

表9　Schizophrenia　Frontier（入院・外来事例）

SchizophreniaFronteir入院事例	
2000	診断治療
2001	薬物治療
2001	診断治療
2002	薬物治療
2002	診断治療
2003	薬物治療
2003	薬物治療
2004	薬物治療
2005	福祉・権利擁護
2005	福祉・権利擁護
2005	福祉・権利擁護
2006	診断治療
2006	家族問題
2007	リハビリ・教育
2007	診断治療
2008	家族問題
2008	家族問題
2009	薬物治療
2009	リハビリ
2009	福祉・権利擁護
2010	リハビリ・教育
2011	リハビリ・教育
2012	福祉・権利擁護
2012	診断治療

SchizophreniaFronteir外来事例	
2001	診断治療
2001	診断治療
2002	診断治療
2002	診断治療
2003	診断治療
2003	診断治療
2004	福祉・権利擁護
2004	リハビリ
2004	福祉・権利擁護
2005	薬物治療
2006	家族問題
2006	福祉・権利擁護
2007	福祉・権利擁護
2008	福祉・権利擁護
2008	家族問題
2009	家族問題
2010	家族問題
2010	家族問題
2011	福祉・権利擁護
2011	福祉・権利擁護
2011	家族問題

医学モデル

生活モデル

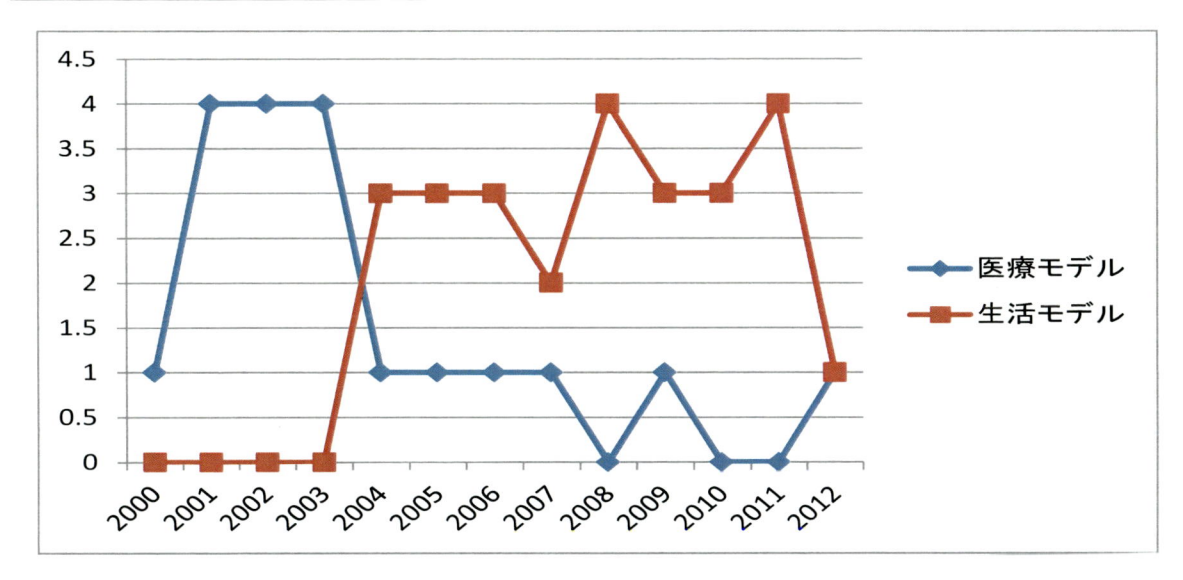

図　2　医学モデルと生活モデルの掲載状況

2.6.4 事例内部の関係構造分析

　分析の結果、「Schizophrenia　Frontier」に掲載された困難事例の分類は、1）診断治療に関する困難さ2）薬物調整に関する困難さ3）リハビリ・教育に関する困難さ4）福祉・権利擁護に関する困難さ5）家族問題に抽出できた。ただし、各事例ともに、実際にはほとんどのカテゴリーに該当する記述が存在する。診断・治療、薬物、教育、福祉、家族といったそれぞれのカテゴリーがどのように相互に関連しているのか、またそうした状況の中でどのように各事例が一つのカテゴリーに分類可能であるのかを具体的に見るために、以下では一つの事例の詳細な分析を掲げる。

第39回『家族からの入院治療の同意が得られずに対応に苦慮した一例』

症例38歳　女性

> この症例は、「中耳炎に罹患した」という妄想をもち、耳鼻科医から中耳炎でないといわれたことを不服として、診断を下した耳鼻科医にしつこく治療を求めて外来で騒ぎたてていた。幻聴、幻臭、注察妄想、妄想知覚、思路障害も認め、明らかな精神症状を呈していたのにもかかわらず保護者が精神科における治療に同意しなかった。その精神症状を要措置症状ととらえるべきか、また保護者は判断能力なし、ととらえるべきか、迷う症例であった。このような症例を円滑に治療につなげるための方策についてご教示いただければ幸いである。
>
> （第39回：秋田大学　草薙宏朗）

　この症例の場合、原因となる中耳炎はないものの、幻聴、幻臭、注察妄想、妄想知覚、思路障害も認め、明らかな精神症状を呈していた（診断）。「耳から臭いがするので中耳炎を治してほしい」と秋田大学耳鼻科を受診している。耳鼻科は該当疾患がない状況で他院を紹介することができず、精神科にコンサルトとなった（診断）。診察後、30分経過した時夫が到着した。医師は、夫に会い、夫も当該外来患者であることがわかったが、自然軽快して仕事も続けていた。医師は夫に治療が必要なことを説明したが、本人は幻聴や妄想を「大歓迎だ」と述べ、病識を欠いていた（診断）（家族）。夫も、「言っている内容は奇妙だとは思うが、毎日の生活に支障がなかったので大丈夫だと思う」と医療保護の治療に同意しなかった（家族）。ちなみに患者の生活歴は、高卒後デパートの店員として働き1子をもうけ専業主婦であり、自宅内の家事はできているとの話であった（家族）（リハビリ）。

　医師は、保健師の訪問があったということを本人が語ったので保健所に連絡した。すると、数か月前から腐った食品を神社に置くなどの奇妙な行動があり、保健所も訪問して精神科受診を勧めていたが受診につながっていなかったことがわかった（福祉権利擁護）。

　その後、患者は妄想に基づいて工場に不法侵入するなどで、警察官による24条通報をへて、措置入院になった（診断）。治療につながったことで安堵したもの、医師は、自分が

診察した時点で、威力業務妨害（刑法234条）ととらえ、早めに措置鑑定の流れにつなげるのがよかったのか、もしくは夫は判断能力なしとして応急入院の適応になったのか（診断）（福祉権利擁護）と迷っている。

そして「明らかな他害行為がないが、他害行為に発展する恐れのある症状の捉え方、保護者の判断能力についての捉え方（家族）、本人および保護者からの治療同意を得られない状況で、より早期に治療につなげるための方策についてご教示いただきたい」と締めくくっている。この症例をみてみると、本症例は、（家族）（診断）（教育リハビリ）（福祉権利擁護）の4点の文脈を含むことはがわかる。しかし、困難症例として機関誌に投稿した最も大きい理由は、保護者からの治療同意を得られない状況での判断、（家族問題）が第1に挙げられ（診断）（教育リハビリ）（福祉権利擁護）に影響を与えていると筆者は判断した。その判断の材料にあたる項目は、ICFを用いて下記に整理した。

> 統合失調症により生じる困難—38歳女性の場合
> 精神機能（診断）（薬物）：幻聴、幻臭、注察妄想、妄想知覚、思路障害
> 活動制限（教育リハビリ）：自宅家事はできる
> 参加制約（福祉権利擁護）：神社に腐った食べ物を置く、工場へ不法侵入する
> 環境因子：個人因子（家族問題）：夫が毎日の生活には支障なしと治療に同意せず。
> 夫の両親は他界、患者の実の両親とは連絡が取れず。親族も不明。

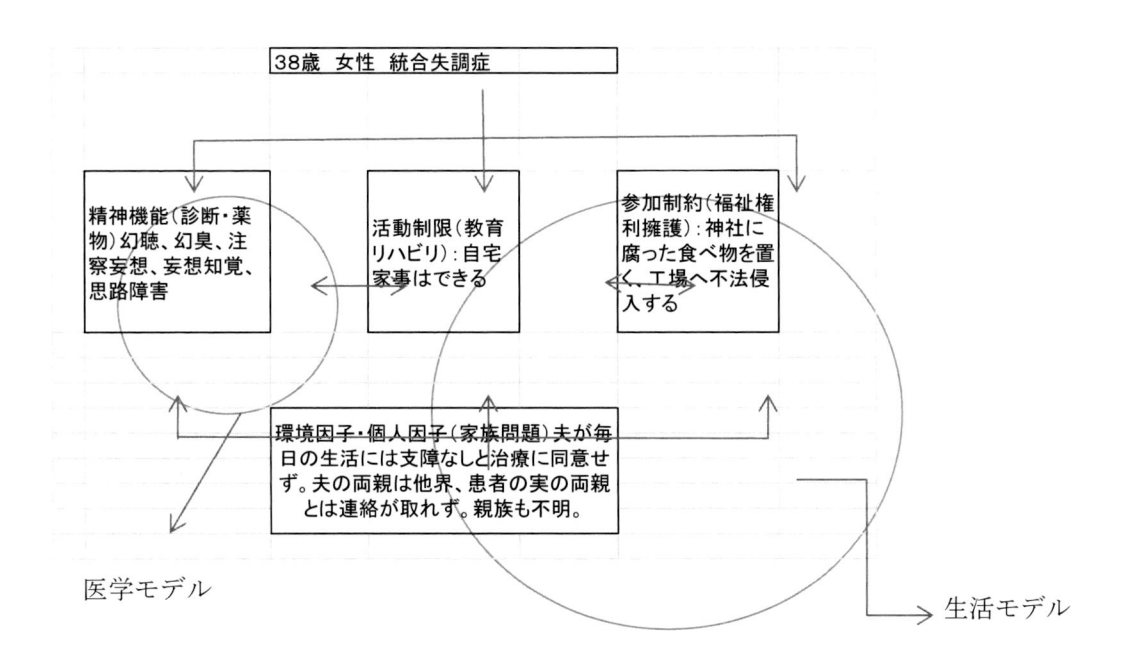

図3 第39回『家族からの入院治療の同意が得られずに対応に苦慮した一例』

この、第39回『家族からの入院治療の同意が得られずに対応に苦慮した一例』へのコメントをよせた医師の視点もみてみよう。

第1のコメント（静岡県立こころの医療センター　平田　豊明氏）

　要約すると、「措置入院の絶対適応がなく選任不要な保護者である配偶者の判断が明らかに欠けているとはいえない条件下では、本症例の医療保護入院は成立しない。報告者の取った帰宅措置は法的に正しく、臨床的にも選択肢はなかったといえる」とした上で、保護者に対して8点の説明を行うよう指導している[7]。それは、精神保健指定医としての判断の経緯の家族への説明である。また、措置入院の要件を「自傷他害の恐れ」を精神保健福祉法第27条第2項（申請・通報なしの措置診察）で緊急措置入院とすることは可能であったが、本症例は「おそれ」を確信するには至らないこと。また「パターナリズムを優先して入院させた場合、提訴されても負けないかもしれないが、治療関係は損なわれた可能性が高い」とほぼコメントの 90%は夫への対応の指導内容であった。平田氏の指導も、（家族問題）が主であったといってよいだろう。

第2のコメント（医療法人　北斗会　さわ病院院長　澤　温氏）

　「要約すると、精神疾患があって治療を早急にするのか、待っていいのかについて結局 parens patriae の立場か、police power の立場かということだ」と澤氏はいう。最初から parens patriae で押すと、夫は保護者の任を堪えないということになり保護者の変更を申し込むことになる。しかし、police power では、警察を呼んで連れていってもらうことも1つの方法で、この段階で暴力的になり措置になることもある。また、米国では、現在 police power は否定的であることを紹介している。その理由は、人権優先の police power は、事件が発生してからはじめて医療に乗るという悲劇をもたらすばかりか、地域にも帰れなくなるからと説明している。そして、「parens patriae で対応し、police power にたって処理をし、措置になったのはやむをえなかったと考える」と述べている。澤氏の指導は、夫の力の判断（家族問題）と（権利擁護）が主な指導内容であった。

　以上のように、各事例において五つのカテゴリーは複雑に関係しており、どのカテゴリーが主たる困難を形成しているかは、こうしたカテゴリー間の関係性を分析することによ

---

[7] 2014 年　精神保健福祉法改正にで、保護者制度廃止している。本症例の場合の選択肢である「保護者の能力がない場合の市長村同意入院」はなくなった。

り得られる。

2.6.5　各カテゴリーの内容について

診断治療カテゴリー

該当する事例：入院事例 6 件、外来事例 6 件

表 12 に示したように、大半の事例が 2004 年以前である。また、診断に関連するものは、3 件のみで、残りはすべて治療上の選択肢に関する困難である。診断や治療上の困難の事例の中には、医師患者関係の機能不全による診断や治療困難となる事例が含まれている。すなわち、診断に困惑することは少ないが、診断がついたものでも治療上困難に遭遇するものが多いということである。診断が治療選択において果たす役割に限界があるといえ、精神科における診断と治療の関係を象徴的に示すものと言える。こうした状況が 2004 年以降劇的に改善されたとは考えられないため、診断治療カテゴリーの減少は、医師や専門誌の関心が伝統的な治療問題から別の種類の問題へとシフトしていったと推測できる。

薬物治療カテゴリー

該当する事例　入院 6 件　外来 1 件

薬物に関する困難事例の多くは入院事例である。大半の事例は 2005 年以前である。医師が院内での治療の際、薬物選択に苦慮している事例が主であった。ただ 2009 年の「遅発性ジストニア」はその症例の重症度が際立っていた。悪化時は、歩行困難、座位困難で食事も難しくなる等の日常生活に支障があった。この症例へのコメンターは「遅発性ジストニアの薬剤には耐えがたい副作用がある事、しかしながら入退院を繰り返す患者のＱＯＬを考える妥協点としての第 2 世代の薬を試しなさい」と指導していた。そして、本症例のような高用量の処方が確認されていたことを憂い「薬物療法全体が迷宮入りをしている」と述べている。つまり、患者の症状を沈静させることが主であった過去の薬物治療が、ある場面では未だ続いていることが誌上で暴かれてしまったということだろう。

リハビリ・教育のカテゴリー

該当する事例　入院 4 件　外来 1 件

大半の事例は 2004 年以降である。精神科医療機関で行うリハビリテーションプログラムがいくつか呈示されている。ＳＳＴ（Social Skills Training）が 2009 年に、再発予防の

心理教育のアドヒアランスが 2010 年に、2011 年にデイケアが取り上げられている。しかし、リハビリテーションを行っている場に入院症例が多いのは、日本においては病院が重要な役割を担ってきた経緯を表している。本来であれば、地域でリハビリテーションの論議をしてもよいはずだが、病院内での訓練・教育の意味合いが大きいことが示唆される。又注目すべきは、これらの症例へのコメンターに、精神科リハビリテーション専門医が登場する。リハ専門医は「もう少し調子が良くなったらどんな生活をしたいですか。ほとんどもとの調子に戻ったらどんな生活を希望しますか」という問いかけを重視することを述べている。さらに「幻聴の軽減よりも生活の改善が身近な希望であるのが普通である」とコメントしている。リハビリ専門医が 2004 年以降に指導コメンターとして採用されるようになったことは、狭義の治療が、リハビリへシフトしていると推測できる。

福祉・権利擁護カテゴリー

該当する事例　入院 5 件　外来 7 件

大半の事例は 2004 年以降である。精神医療において統合失調症患者の権利擁護の中核は、1 人の人間として普遍的な権利を保障するものである。入院症例では、長時間の隔離施錠が患者に与える心理的な負の影響や、出産を希望しても症状が増悪につながる事例への医療者の倫理観を問う内容であった。また、2006 年に「統合失調症」の告知が刺激となり自殺未遂に陥る症例が出ていたが、2003 年の「精神分裂病」から「統合失調症」への変更が日々の診察に与えたか否かについての言及はなかった。2011 年の症例では、治療関係は良好だが復職が上手くいかないという就労問題が前面に出ていきている。この様に患者が社会で出会う多様な障壁が外来に持ち込まれ始めている。

家族問題に関するカテゴリー

該当する事例　入院 6 件　外来 3 件

大半の事例は 2006 年以降頻出している。

統合失調症患者家族への対応は、家族自身が問題を抱える者として治療対象にする場合と、患者にとって調整が必要な対象としての家族である場合がある。2006 年の 17 才の患者への治療が母親の医療不信から行えない、2008 年の薬を処方しても家族が非協力な為、再発に結びつく等の問題である。医師は、家族成員間の相互作用を変容させるべく様々な介入を行っている。2006 年の症例へのコメンターは、「家族療法的アプローチや、親と世帯分

離をして生活保護受給と訪問看護により生活基盤を安定させること、入所型母子生活支援センターなどを活用した就労訓練も検討の余地はある」と述べている。近年、本人の利益のために保護者は治療に協力するもの、という暗黙の前提は成り立たない。医療者は、基本的に機能不全となった家族のサポートする必要性が多くなってきているといってよいだろう。

13 年間の変化

「Schizophrenia　Frontier」の 13 年で取り上げられた全ての症例に共通していた点を述べておくと、図 2 で明らかになったようにほぼ 2003-2004 年を境界として、医学モデルから生活モデルへ問題の焦点が移行していたことである。入院と外来の傾向は、ほぼ 1 年のタイムラグがあるが同様である。旧来の「精神分裂病」から「統合失調症」という病名への変更が 2002 年、国の「精神保健医療福祉改革ビジョン」が 2004 年であり、この時期に統合失調症患者の処遇に関する精神医学会の態度が従来の入院治療から、社会生活への適応へとシフトしたであろうことは推測できる。こうした変化が、専門誌上の困難事例の紹介に際してどのようにして生じたのか、投稿事例そのものがそうした方向にシフトしたのか、あるいは、相談者の選択がそのような方向にバイアスがかかったのか、さらに雑誌の編集方針がそのように変更されたのか、こうした点については、今回は残念ながら確認できなかった。しかし、専門家が参照する雑誌におけるこうした変化は、少なくとも精神医学会における趨勢を読者である臨床家に強く印象づけたであろうと推測できる。

2.6.6　困難症例にみられる「生活」という表記について

医学モデルから生活モデルへ問題の焦点が移行していたとはいえ、医師の「生活」への視座は、やはり「医療」の文脈を超えることはないという点は強調されるべきだろう。そもそも、医師―患者関係は、端的にいえば「治療する者」と「治療される者」の非対称な関係である。医師同士での、誌上でやりとりされた困難事例の記述の仕方は「医療」の下位概念として「生活」という表現を用いている点に特徴があり、福祉関係者が用いる「生活」とはその意味内容が異なると推測される。

困難事例を提出した医師が語る「生活」という言説の特徴を取り出してみると、初期には特に「生活指導」「生活管理」といった表現が目立つ。医師にとっての「生活」とは、病の増悪を防ぐための教育と管理の背景として捉えるべき「生活」という意味合いが強い。

精神障害者の「生活」とはあくまで、親・兄弟が責任を持つべきであり、医師が語る「生活」はあくまで「医療あってこその生活」という文脈であった。例えば、No14事例では、リハビリテーションの延長線上に「生活モデル」は呈示されている。患者の生活範囲は、医師が広げるべきと見ていることがわかる。

> 精神科リハビリテーションにより**生活モデル**を改善することを提案しているが、家族の強い抵抗があり実現困難な状況である。発病以来、献身的に患者を抱え込んできた家族に疎外感を与えることなく患者の**生活範囲を広げること**の難しさを痛感している症例である
>
> （2004年Ｎｏ14事例提出者より）

また、No16の事例では、生活指導をいう言葉が示唆するように、生活療法[8]の流れを継承している医師なのだろうか。この点は明らかではないが、医師は、自分は患者に甘えた末に患者への生活指導を怠っていたと述べている。

> 「多忙な外来業務の中で漫然と患者に甘え、治療関係が確立しつつあると思い込んでいるうちに薬物療法、**生活指導**、精神療法および母親への家族療法的関与をはじめとするケースワークを怠る結果となり**反省**している」（2006年Ｎｏ16事例提出者より）

次のNo30の事例では、疾病管理の中に「生活管理」があるという表現である。

> 「本患者は幻覚妄想状態にあると考えられ、服薬、**生活管理**、指導目的から入院加療が必要な状態と判断された」（2008年Ｎｏ30事例提出者より）

しかし、2002年に精神神経学会が統合失調症は不治の病ではないことを提示したからだろうか、困難事例への指導をする立場の医師の語りは変容している。「生活」という言説の特徴を取り出してみると以下のような「生活」の概念をわざわざ説明する医師が登場した。

---

[8] 生活療法とは、患者の生活を指導し、患者が「問題」を起こさず働くようにすることが精神医療従事者の任務であるとする思想。「しつけ療法」とも言われた。1970年代はこの療法を否定した野村満医師が烏山病院で解雇され、裁判になった経緯がある。

　「どのような**日常生活を送り**、そのための社会メニューには何が必要か、など特徴が残念ながら(提出事例からは)理解できない。生活目標とは、人間一人一人が本来持ち得ているはずの生きる希望、夢あるいは願いというものである。たとえば「結婚したい」「金を稼ぎたい」「有名大学に入学したい」などといったことである。また**生活課題**とは、生活目標を達成するために必要な**生活技能**あるいは技能を身につけるための訓練とでもいうべきものである。」(2003 年 No11 事例提出者へのコメント)

　さらに 2009 年には、患者の内面の豊かさを捉えようとするコメントが記されている。

　「無為自閉」と表現されているが、非生産的でかつ**閉じこもりがちな生活**をそのまま「無為」「自閉」と捉えていいものかは疑問である。なぜなら、この患者の内面にはまだ豊かなものがある印象を受けるからである」(2009 年 Ｎo 34 事例提出者へのコメント)

　2003 年以降の症例提出者へのコメントをする指導医の表記からは、医師の生活モデル移行への視座の変更の努力が読みとれる。それは、国際的にも DSM5 に WHODAS[9]が入り日常生活までを診るようになったことも影響しているかもしれない。

2.7　精神医療における「生活モデル」

　2003 年以降の入院事例で「生活モデル」と解釈した事例は、12/19 例、外来事例では 14/17 例である。統合失調症患者は、幻聴、妄想が収まってからも日々の生活の中で様々な生きづらさを経験している。2003 年以降の症例では、その生きづらさにややスポットが当たり出した。

　しかし、医師にとっての「生活」とは、病の増悪を防ぐための教育と管理の背景として捉えるべき「生活」の文脈のままであることがわかった。唯一、指導医 2 名のコメントのみ、ICF の視座を意識した文脈であった。久繁が述べるように、国際的に統合失調症については QLS（Quality-of-Life Scale）,SPS(Social Performance Schedule)などが用いられ、基本的な医療のあり方は、判断の分かち合い（Shared Decision Making：SDM）へと医師―患者

---

[9] DSMⅣで評価として用いられていた「機能全体の適応評価」（GAF）は、測定や定義が難しいという理由から、WHODAS2.0(世界保健機構障害評価尺度第二版)が DSMⅤ SectionⅢ に採用されることになった。

関係に変化をもたらしているが、わが国では、医療問題の解決に生活の質を利用する取り組みは未だ限定的である。（久繁 2001:46）。

　同じく、伊藤も「精神科医の間では、障がい者だとしても他障害と違って常に医療は必要な存在であり、『医療あっての生活である』とする生活と医療の非分離論が根強く続いている」と述べている（伊藤 2008：408）。また、青木は研修医の時代に先輩医師から「臨床医として経験を積むと、症状よりも生活をみるようになる」といわれたことを紹介している（青木 2012）。内海は、「DSM 世代の医師は、DSM から精神科臨床を学ぶという倒錯的な状況が置きている」という。そして本来、「エビデンスは治療の奉仕をするものである（略）、診断は治療の下僕である」と現代の臨床医へ苦言を呈している（内海 2012）。

　つまり、経験不足の若い病院勤務医が、DSM による「診断」を第 1 にしている限りは、ICF レベル（mentally disabled)として対象者を包括的に捉えることは、ハードルの高い作業であることが示唆された。

　さて、この動きをもっと進めるべきであろうか。厚生労働省は、病院内での預かり金の不適切な管理、任意入院を閉鎖処遇、告知行為の診療録不備、隔離、身体拘束の際の告知行為の診療録不備など精神病院の人権侵害事案の発生を鑑み、改正精神保健福祉法改正に基づく公示として「良質かつ適切な精神障害者に対する医療の提供を確保するための指針」を定め、指針において急性期の病床おいては医師と看護職員の配置を一般病床と同等にすることを目指すこと、新たに入院する精神障害者は、原則 1 年未満で退院する体制を確保することを記載した（2014 年厚生労働省告示第 65 号）。さて、退院への道筋が短かくなったことで、これまでの問題は改善するだろうか。

　医学モデルから生活モデルへのパラダイムの変更による治療が、かえって精神障がい者の生活の基盤を奪う危険性もある。2003 年を境にして、「統合失調症患者」は、それまで入院促進の対象であった「精神分裂病」から、「統合失調症」という退院促進の対象となった。「生活モデル」台頭の背景には、「治療して回復する」よりも「退院して生活する」という目標の転換が医療者に課せられたことがあるだろう。しかし、おそらく、精神障がい者の中には、社会の中で自立して生活することが困難な者も多く、病状が不安定になる人もある。前に述べたように「生活」の質の評価は本来、臨床判断で共通のものはない。医療者が、世間の最大公約数の「生活」をあたかもわかったように当事者におしつける可能性もある。結果的に通りのいい言葉の「生活」は「退院」というニーズの隠れ蓑となる可能性もある。

　浅野は「医療の傘論」[10]は、過去のものとなり、現在は「医療を内包した福祉」論へパラダイムシフトが起こっているとしたうえで、「医療の傘」も「福祉は善」と考える立場も、いずれも障がい者の自律性を尊重しないパターナリズムであるという点では同罪であり、「医療」と「福祉」の統合は「人間の尊重」を前提として進められるべきであると強調した（浅野 2006）。

　また、社会学者の猪飼は、ヘルスケアの福祉化により病院が終焉すると指摘する。医療が福祉に飲み込まれ、最終的には一体となるという。つまり、最終目標は QOL（生活・生命・人生の質）の向上という福祉に病院は飲み込まれ終焉する。（猪飼 2010）。確かに、ヘルスケアの福祉化は、慢性疾患が増加する時代では、推進されるだろう。

　しかし、筆者は「医療を内包した福祉」ではなく「福祉を内包した医療」へのパラダイムシフトが起きていると考える。なぜなら、施策の財源において、医療 97 対福祉 3 という極端な格差の事実があるからである。この圧倒的格差の事実を前にし、精神医療者と福祉関係者の間では「医療の傘」も「福祉は善」の論争そのものがいつしかなくなってしまった（浅野 2006）。

　97:3 という数字にも関わらず、なぜ「福祉を内包した医療」ではなく「医療を内包した福祉」と表現されてしまうのだろうか。たとえば、「精障害者地域移行・地域定着支援事業」は、2011 年に、成果を出せないまま「精神障害者アウトリーチ推進事業」に引き継がれた。この制度化前には、地域主導でアウトリーチ推進事業をする計画案で進めていたはずが、蓋を開けたところ通達には「医療」（病院）が主導の訪問看護に利益が出る制度になっていた。つまり、「医療を内包した福祉」は、実態としての「福祉を内包する医療」を進めるための口実の役割を果たしていると言える。

　問題なのは、「医学モデル」と「生活モデル」の境界が曖昧になり「医療を内包した福祉」と御膳だてをしながら、実は「福祉を内包した医療」が進められているレトリックである。本稿で明らかになった医師の「生活モデル」への変更も分類上は「生活モデル」だが、「福祉を内包した医療」の文脈を持つ。その先には、福祉が医療に飲み込まれ、その医療が地域に出てくる姿である。退院した「精神障害者(mentally disabled)」を「精神疾患者（mentally disordered）」のまなざしをもつ医療者が一生抱え込むという図式である。おそらくこれは、「予防」という名のもとで推進されていくだろう。高木は、訪問看護師が在宅に

---

[10] 精神保健福祉法の成立時におきた議論。精神病者は「一生医療の傘の下におくべきだ」という医療側の論と、「精神病者も福祉が必要な障害者だ」とする福祉側の論の対立である。

行き「お薬飲んだ？」とばかりを聞くことを「アスピリン訪問」と指摘し批判している（高木 2008）。

　しかし、他方では、「生活モデル」の最大の障壁が「なんでもあり」で無責任な概念であるという点も留意されるべきである。「生活モデル」を提唱する人で「生活モデルシステムの責任を取る」と述べた人を見た事がない。「生活モデル」は、QOL を究極に目指す概念だが、手放しで喜ぶような美しい概念ではない。障がい者制度改革推進会議総合福祉部会は、2011 年 8 月「障害者総合支援法の骨格に関する総合福祉部会の提言—新法の制定をめざして」（骨格提言）をとりまとめた。そして「障がい者制度改革推進のための第二次意見」においては、障害概念の医学モデルから生活モデルを経て、「社会モデル」への転換が掲げられたが、これについても同様である。

　思えば、「精神分裂病」の病名変更直後の 2003 年に、内海が「分裂病の消滅」の著の中で、「名をつけて居直る健常者に怒りを禁じえない（略）力の病理に盲目である限りこうした意図に反して、患者の社会参加はある種の「囲い込み」あるいは「飼いならし」になるのではないだろうか。暴力がソフト化されるとき、その所在はより捉えがたく、隠微なものとなる」と指摘していた（内海 2003）。また、新宮は「精神医学固有の歴史というものは、いまだに精神医学自身によって正当化されていないのです・・・（中略）・・・呼び名がかわったことにも反映されているように、この精神状態が、自分たちの生きる社会とどのような関係があるのか、そしてそれをどのように社会の中に位置づけるのかということに、社会自身が苦悩していなかった時代はない。操作的に切り離しても歴史は帰ってきます」と常に病名と社会が上手く接続できていないことを述べている（新宮 2014）。

　しかし、障がい者自身は、精神医療を「半精神医学」（quasi-psychiatry）と提唱しパロディ化することで医療を活用する実践を始めている（石原 2013）。これは、クーパーが 1960 年代に提唱した「反精神医学」をもじったものである。これこそ、「医療を内包した福祉」の実績例といえよう。

　昨今では、1980 年以降の精神医学の側の重要な変化として、統合失調症をエピソード（挿間性の出来事）として捉えようとする浸透がある。「精神障害者」（schizophrenic）という呼び方を避け、「統合失調症を持つ患者」（patient with schizophrenia）という呼称が推奨する視点もでてきている。（鈴木 2014:205）

　本稿では、「医学モデルから」「生活モデル」への変遷を文献から考察したが、「生活モデル」を提唱するのであれば、リアルな実効可能性を示す必要ある。医療者の語る「生活

モデル」は好ましい事ではあるが、、それによって福祉関係者の個人の献身と努力が助長されてしまってはならない。初めに述べたように、意欲のある臨床家が孤軍奮闘した挙句に事業仕分けにされるような事を繰り返してばかりはいられない。退院したいと願う人を地域で受け入れる生活モデルの質と量の確保が優先課題である。「パラダイム」転換は、手の届くものとして議論する必要がある[11]。それができてこそ、安心して病院もダウンサイジングし病院は終焉となれると考える。

　次章では、精神科病院内の会議での「生活モデル」をめぐる交渉の様子を分析していこう。

---

[11]大野は、DSM-IVをつくった委員のアレン・フランシスとの対談で「パラダイムシフト」の語は美しい響き故に慎重に使わなければならないと述べている。そし「DSM-V は、間違った方向でパラダイムシフトさせようとした」と指摘している（大野 2012）。

第3章　精神病院で行われる「退院」の合議

3.1　退院時ケア会議

　本稿は、精神病院で行われている「退院時ケア会議」での医療関係者と地域支援者の会話を分析し、精神病院から地域移行がどのように決まるのか、を明らかにすることを目的としている。1991年に国連総会では「精神疾患を有する者の保護及びメンタルヘルスケアの改善のための諸原則」が採択された。その中の原則3には、「精神疾患を有する者は可能な限り地域社会で住み、そこで働く権利を有する」とある。その原則に沿い、1997年の米国精神医学会（APA）でも「最も拘束の少ない環境の中で患者を治療すること」というガイドラインが示された。

　わが国では、1984年の宇都宮病院事件[12]を契機に院内環境の病理[13]が指摘された。その後、精神医療における「入院期間短縮」「社会的入院解消」の解決策として国は、医療提供体制の変革にむけた診療報酬体系の改変による政策誘導を開始した。これが「退院指導料」の診療報酬制度である[14]。退院時指導は、退院後の療養について書かれた「退院療養計画」を策定することがら始まる。「退院療養計画」に基づいた医療によって、患者が入退院を繰

---

[12] 1983年に、栃木県宇都宮市にある精神科報徳会宇都宮病院で看護職員らの暴行によって2名の患者が死亡した事件である。

[13] わが国の精神病院は、長い隔離収容の歴史がある。その為閉鎖環境での「施設症」が指摘されてきた。施設症とは、刺激の少ない施設環境で長期間生活すると、無感情・従順さ、非個人的なものへの興味を失うなどの退行現象がおきること。精神病院や刑務所の閉鎖環境の病理として注目された。精神病院では、バートンとウィングが指摘した（Barton 1976=1985, Wing 1962）。

[14]診療報酬は、2年ごとに改定されている。精神科関連の診療報酬「退院時指導」の変遷は以下を参照のこと。（官報より抜粋）【平成6年3月31日以前】診療報酬点数表甲表・乙表　■昭和60年：精神病特殊療法料に【１５７】精神科退院時指導料100点を新設（1985.02.18官報：号外）　■平成04年：【１５７】精神科退院時指導料は100点から200点に改定（1992.03.07官報：号外）　【平成6年4月1日以降】医科診療報酬点数表■平成06年：精神病特殊療法料は精神科専門療法に名称変更となり、【１０１１】精神科退院時指導料250点に改定（1994.03.16官報：号外）　■平成08年：【１０１１】精神科退院時指導料は250点から260点に改定（1996.03.08官報：号外）　■平成10年：【１０１１】精神科退院時指導料は精神科退院指導料の名称となり260点から320点に改定（1998.03.16官報：号外）された。平成12年から退院促進事業が整備されると、併行して退院時指導をする為の「退院療養計画」を策定しないと入院基本料を減額する仕組みを取り入れた。

り返す「回転ドア」現象が抑制されるとし、2000 年には、この退院療養計画がなければ入院基本料を減額するしくみも取り入れられた。「退院時指導料」は「入院期間が、1 月を超える精神障害者である患者または、その家族等に対して、精神科の医師、看護師が共同して退院後に必要となる保健医療サービスまたは福祉サービス等に関する計画を策定し、当該計画に基づき必要な指導を行った場合に、当該入院中に 1 回に限り算定するもの」(2012年診療報酬点数表 I011 精神科退院指導料）である。2008 年に退院時指導は精神科医に限定され、2010 年には、地域移行加算として 200 点が追加され、2012 年には、障害福祉サービス事業所との連携に加算が追加された。つまり、障害福祉サービスと連携をし、退院指導を首尾よく行わなければ退院指導料の診療報酬は十分につかなくなったのである。しかし、果たしてこの指示通り、精神科医師は退院時指導と地域連携を行えているのだろうか。精神病院における長期入院者の退院阻害要因の存在は種々、指摘されてきた。古屋は、5つの阻害要因をあげている（古屋 2010: 10-12）。①患者側の要因：患者本人に退院意欲が乏しい。施設症の問題もあり、生活技能が低下している。②家族側の要因：病院側が退院引き取りを求めても家族が拒否する。③病院側の要因：個々の患者に丁寧に働きかける余裕のない精神科病院の乏しい人員配置の問題[15]がある。④地域側の要因：退院を果たす社会復帰施設が乏しく、グループホーム等の居住福祉施設が不足している。⑤行政側の要因：たびたびの改正にも関わらず、隔離収容志向の歴史的背景をもつ強制入院法の基本的性格はほとんど手つかずのまま残っており、これは、入院させてベッドさえ埋めておけば、最低限の経営の安泰は図られる診療報酬体系の存続に表れている。

　また、2003 年から 9 年間行われた「精神障害者退院促進支援事業」[16]が実施された頃から、自殺者が増加したという穏やかではない報告もある（井上 2012：7）。この様に退院阻

---

[15] 乏しい人員配置とは、1958 年から 2001 年まで 43 年継続されてきた「精神科特例」の制度である。医師は他科の 3 分の 1 、看護師は、3 分の 2 でよい。というものである。少ない人材での病院経営は許可されるが、その代わりに精神医療の診療報酬は低く抑えられている。(2013 年の改正精神保健福祉法に基づく告示として、指針を定め急性期の精神障害者を対象とする精神病床においては、医師及び看護職員の配置を一般病床と同等とすることを目指すこと、新たに入院する精神障害者は、原則 1 年未満で退院する体制を確保すること等が記載された

[16] 2003 年国は「精神障害者退院促進事業（モデル事業）を開始した。2008 年に「精神障害者地域移行支援特別対策事業」として、2010 年度からは「精神障害者地域移行・地域定着支援事業」として、退院促進への行政的な関与による取組みが実施された。障害者自立支援法の改正に伴い、2012 年 4 月からは、サービスメニューとして追加され、都道府県から指定を受けた相談支援事業所が、地域移行推進員を配置し、支援をおこなった場合は、自立支援給付が得られるようになった。

害要因が多い治療環境の中で、今精神科医師に求められているのは、多様な阻害要因を解き、障害者福祉サービスと連携し退院指導をすることなのである。安西は、精神病院から出す力を高めるためには、「治療者集団」[17]の力量の向上が大切である」（安西 2008：430）と主張し、高木も「地域移行時代において、それにふさわしいリーダーとして自ら変化する責務がある」（高木 2009：1070）と指摘している。しかし医療だけでなく、地域の偏見、家族の拒否なども含めた重い問題決定を下すリーダーである医師の裁量を調査し検討した先行研究はなかった。そこで、精神病院の「退院」が決定される過程を、特に医師に着目して明らかにしたい。

3.2　想定される会議の諸局面

　退院という多様な利害関係者や専門職種が参加する状況において、医師が果たす役割を分析するために、「精神保健コンサルテーション(mental health consultation)という枠組みを用いる[18]。精神保健コンサルテーションの定義は多くだされているが（Zusmman & Davidson 1972=1977, Glickman 1980=1983, Schein 1999）、一般的には、精神科医を中心とする精神医療の専門家が、地域の保健師や福祉関係者などの専門職種に対して、精神疾患を患う患者への支援について専門的な助言や支援を行うものと理解されている。この領域の第一人者であるキャプラン(Gerard Caplan)は、コンサルテーションを、(A1)クライアント中心のケースコンサルテーション、(B1)プログラム中心の管理コンサルテーション、(A2)コンサルティー中心のケースコンサルテーション、(B2)コンサルティー中心の管理コンサルテーションの4つに分類したが(Caplan 1995)、特定の患者について、精神科医や看護師が地域の担当者たちと関係をもちながら地域における精神医療を支援するのは(A1)である。精神科医が地域の関係者を招いて院内で行っている「退院検討会（最終回は退院時ケア会）」は、特定の患者の退院について病院と地域の間で行われる交渉が主たる目的であるが、しかし、医療者による地域関係者に対するコンサルテーションという側面を強く持ち、キャプラン

---

[17] 精神病院における医療では複数の援助者が同時にまた継続的に治療及び援助を展開する特徴がある。複数の援助者とは、医師・看護師・作業療法士・心理士・精神保健福祉士・薬剤師・管理栄養士などである。チーム医療に関しては、（大野 2006）を参照されたい。
[18] キャプランの主題には、一部反論もある。キャプランは「コンサルテーションには教育活動は含まない」と主張したがブラウンは、コンサルテーションは組織内で行うため内在する階層関係からは独立できないため、教育スーパービジョンの要素は含むと主張した(Brown 1984)。本論文では、優れたコンサルテーションはスーパービジョンを必然に含む、という立場をとる。

の言うコンサルテーションに類似した性質をもつと考えられる。

　山本は、ジッブ（Gibb 1959）が提示したコンサルテーションの「受付・診断・資料収集・関係づけ・問題の範囲の限定・資源の利用・決定・終結」という流れを参考にし、コンサルテーションを構成する重要な局面を①コンサルテーション関係の開始、②コンサルティへの支援や重点的問題の限定、③問題の明確化と方向付け、の3つとした（山本1986）。また、集団発達モデルとしてはタックマンが1965年に提唱した「形成(forming)、波乱(storming)、合意(norming)、行動(performing)」モデルが著名である(Tuckman,1965)。

　江畑は、アルトロッチ（Altrocchi 1965）を参照しながら、コンサルテーションの過程を以下のように分けている。①コンサルティ側が懐疑的でコンサルタントを試す局面、②それまでの凝集性が弱まり、コンサルティ側がケースの提出に対する抵抗や葛藤が生じたり、コンサルティ側がサブグループ化し、自分の力量が試されないケースがより多く提出される局面、③問題が焦点化され問題解決に向かう局面、④真の凝集性と問題解決がなされる局面（江畑1995）。

　ヤーロム(Irvin Yalom)らは、集団療法において集団が問題を解決できるようになる過程を4期に分けている。第1期は、躊躇しながら参加しその参加の意味を探る時期。第2期は、メンバーとリーダーの間に葛藤が起きリーダーに反抗したりグループを支配しようとする動きが出る時期、第3期は、集団の凝集性が形成される時期。第4期は、集団療法の終了時期である(Yalom 1985)。

　いずれにしても、これらの段階区分は、初期の混沌とした局面、葛藤や対立が生じる局面、関係者の間で一定の合意が形成され行動が生じる局面を含んでいることがわかる。本稿では、地域の関係者と病院関係者が集まり、特定の患者のケースに対応するために話し合う退院検討会のような場を理解するために、集団過程についての上述のような議論を参考にしながら、また、観察された会議の進行状況を踏まえながら、以下の4つの局面を区別することとした。

懐疑的局面

　　　　　地域支援者は、医療側が何をしてくれるのか、自分に何を課せられるのか、と懐疑的に参加している局面。

抵抗局面

　　　　　地域支援者側からケースの論議に対し、抵抗や葛藤が生じる局面。

問題の焦点化局面

　　問題となっているケースについて何が問題か焦点化され。地域支援者側の抵抗を解決する局面。

合意形成局面

　　退院後の治療計画、及びケアのあり方に参加者が合意する。地域生活上の推測される問題に方向づけがなされる局面。

　こうした場面は、当然ながら時間的に前後し、同じような繰り返しをしながら進行する場合もある。しかし、「ケア会議は、与えられた一定時間の中で最高のアウトカムを絞り出す営みであり」（野中 2012）、合意形成を目指すこうした局面を基本的に含まざるをえないと想定できる。以下、各事例の「退院時ケア会議」の分析を行っていこう。

3.3　分析の対象と方法

3.3.1　調査施設 3 病院の概要

　本稿では、筆者の同席が許された 3 病院における退院時ケア会議の調査で収録したものを対象とする。会議はいずれも 2003〜2004 年に行われた。この 3 病院を選択した理由は 400 床以上の大規模民間病院で、かつ病床回転率が 100%以上であり、年間の統合失調症患者の退院数が 300 人を超えているからである（表 10）。ある首都圏の 1 つの統計報告では 300 床以上の病院 29 ケ所の 2008 年度の回転率は公立病院の 320%から民間病院の 26%まで、統合失調症患者の退院数は、公立病院の年間 300 人から民間病院の年間 13 人まで、死亡退院は、公立病院の 0.1%から民間病院の 66.6％と大きい開きがある。本稿では「退院」の成果をあげている病院の医師の裁量を調査することを目的とした。事例は各病院の教育委員長と総婦長、病棟婦長と事前に相談を重ね、特に地域の福祉サービス資源との連携が必要になる事例を各病院 1 事例ずつ選定した。

　個別事例の倫理については、日本社会精神医学会の倫理規定に従った。地域の福祉サービス関係者、当事者には、録音と写真の了解を得、研究以外の目的で使用しないこと、守秘義務を全うすることの了解を得た。尚本調査は、筆者が 2003 年に目白大学院：現代社会心理科在学中に大学より各病院長宛てに調査依頼をして許可を受けている。また、一次データは、資料集『なぜ A 氏が退院できて B 氏が退院できないのか　精神病院内で「退院」はこう決まる』（真柄 2003）として製本され国会図書館に所蔵されている。なお、匿名性

を確保する為、施設概要及び対象者情報は内容に影響のない範囲で創作事例に修正した.。

表 10　退院時ケア会議　調査施設概要

	病院概要			
	病床数	病床回転率	平均在院日数	死亡退院率
Ⅰ　病院（民間）	約600（床）	296（%）	123日	0.8（%）
Ⅱ　病院（民間）	約500（床）	135（%）	270日	1.9（%）
Ⅲ　病院（民間）	約400（床）	166（%）	220日	05（%）

　次に現在行われている退院時指導内容と退院計画の特徴について述べておきたい。

　退院時指導を行う前提となる退院計画は、医師、看護師、精神保健福祉士、作業療法士らがケースカンファレンスなどで協議し計画書を作成し、計画の実施は各職種者が役割分担するというチーム医療体制である。患者が、病院から地域へスムーズに生活の場を移行し、地域で継続的なケアをうける為には病院と地域間においてケアネットワークが必要になる。具体的には、疾患による生活問題、定期的な通院、服薬管理などについて病院側と地域側で合意が必要である[19]。

　「ケースカンファレンス」をどの様にどの程度行うかは、各病院、医師の裁量に任されているが、現場の実際は、図 7 のように、医療側の精神保健福祉士が、地域支援者に「相談しましょう」とカンファレンスに召集し、そこで医療側が最初に立てたケア計画の修正が繰り返される。患者本人の同席は、ケースバイケースで規定はなかった（図4）。

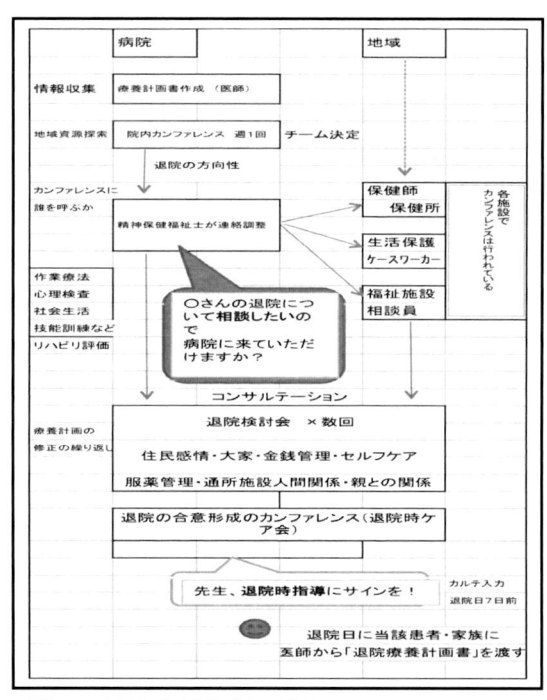

図 4　退院支援体制の流れ
新たな地域精神保健医療体制の構築に
向けた検討チーム　第 23 回資料（2011）
をもとに「院内の退院検討経過」を筆者が作
成した。

---

[19] この医療の適切かつ効率化を進める計画は、米国が先駆的に実践し、1984 年には米国病院協会が「退院計画ガイドライン」を策定した。米国でのカンファレンスの位置づけは、利用者の自己決定権を保障する場である。

ケースカンファレンスとは「対人援助の視座から事例の理解を深め、援助の指針を導き出す創造的な装置である。したがって何らかの答えが先に決まっているものでもない」(岩間 1999:20)。しかし、実際は地域支援者を病院に招くことは「退院」というゴールを意味する。本稿では、地域支援者を招いて行われる「退院」を目的としたカンファレンスを「退院検討会」と呼び、さらに最終的に病院側と地域側で患者の退院について合意を得るカンファレンスを「退院時ケア会」と呼ぶこととする。これは、退院の方向で合意を得られたカンファレンスを「退院時ケア会議」と読み替える病院の慣行にならったものである[20]

　退院時ケア会議が行われると、医師は、一週間以内に最終的な精神科療養計画書(地域における患者の療養計画)を作成し、当該患者及び家族に手渡している。退院時指導料は、患者の退院日に入院費用に自動的に計上され請求の運びとなる。同じ表記項目の「退院時指導」でも薬剤師の場合は異なる。薬剤師は、退院前に患者のベットサイドで文字通り「指導」を行い算定し請求する。それに比べると精神科医の行う退院時指導は、患者への指導や地域関係者との交渉など曖昧な基準で実施されている。本稿では、医師が通常「カンファレンス」と呼んでいるものを「退院時ケア会議」に読み替えた時点を、退院決定の重要な場面と定め調査を行った。

3.3.2　分析方法

　会議はすべて録音し、発話者に関する情報や沈黙の時間帯などを含めた逐語録のトランスクリプトを作成し、時系列上の会話の展開をあとづけるためのコーディングを行った。また、それぞれの会議についての概要を作成した。

　対象となる退院時ケア会で取得された他職種間の会話の分析方法には、制度的会話(Institutional Dialogue)と呼ばれる方法がある(Drew & Sorjonen 1997)。その特徴は、病院組織や制度(institution)の相互行為のパターン追及である。無論、精神科チームを動かしている因子は、意識的かつ無意識的にも実に多く医師の技能を分析するには物足りない方法であ

---

[20]　2014年4月1日以降、医療保護入院者に対しては、退院後の支援に関わる退院後生活環境相談員の選任が義務となった(第33条の4)。同時に在院機関1年後未満の人については医療保護入院者退院支援委員会の開催が義務づけられた。委員会へは、主治医、看護師、または准看護師、退院後生活環境相談員、希望があれば医療保護入院者本人、希望があれば次の3者(家族等、地域援助事業者、その他退院後の生活環境に関わる者)で構成される。病院管理者は、文書による記録を5年間保存、主治医は開催日を診療録に記載することになっている。

ることは了解している[21]。パーカーも、会話分析を「テキスト偏重主義、根深い実証主義、パターンを知ることで知識を蓄積した気になってしまう」とマイナス面を指摘している（パーカー2008）。本稿ではその限界性を意識しながら「精神保健コンサルテーションにおける段階論」を解釈の枠組みを優先的に援用する。そして、その中での医師の役割に注目する。これは、退院時ケア会議が、病院側と地域側双方において高度に文脈化されていること、「退院時ケア会議」という集団のダイナミクスを扱う制度的文脈の中での医師に期待されるパーフォーマンスに注目するためである。

3.3.3　事例概要

【A病院における退院時ケア会における検討事例概要】

参加者

　病院側：精神科医、病棟看護師、病棟精神保健福祉士

　地域側：東京都精神科医、地区担当保健師、福祉事務所生活保護担当者

　当事者：なし

場所:社会復帰病棟会議室

時間:13:00〜14:00

概要：地域住民と精神病院のコンフリクトにより、退院困難になっている事例

　50歳の男性。診断名は統合失調症である。両親他界。兄弟とは絶縁状態。高校卒業後の生活は不明である。30代でK病院に初回入院,以後8回の入院をしている。しかし、40代になり病院に不信を抱き、転病院を繰り返した。同時期転居をし、以後治療中断をしたまま10年が過ぎる。ある日、「泥棒が入った」とアパート玄関に釘をうつ、泥棒と闘うための訓練として裸で体操をして歩きまわる、など奇異行動で住民を不安にさせていた。45歳の時、家の下の喫茶店に来るお客にハンガー投げつけるなどの危険行為があり住民より通報。保健所が強行に訪問し、緊急措置入院となった。入院後6ケ月が過ぎ、退院の話が出たとき、地域住民から反対運動が起きた。試験外出として、アパートに戻った時には、商店街のシャッターが降ろされた。入院から2年目と4年目に、宿泊訓練を試みたが腹痛で自ら救急車を呼び大学病院に入院、すぐA精神科病院に戻ってきた。通算5年間のA病院

入院期間中に本事例のカンフェレンスは、13 回行われ、14 回めが,「退院時ケア会」となった。退院時ケア会には、行政の医師も同席し議論が行われた。

【B 病院における退院時ケア会における検討事例概要】

参加者

　病院側：精神科医、病棟看護師、病棟精神保健福祉士

　地域側：福祉事務所生活保護担当者、通所施設就労継続支援 B 型職員

　当事者：患者本人

場所: 地域連携室

時間:14:30〜15:20

概要：借金問題の繰り返しが入退院の繰り返しの要因になっている事例

　50 代前半の男性。27 才から統合失調症の診断で入院し、借金問題を抱えると妄想が出現するため入退院を繰りかえしている。幼い頃に親を殴り勘当されており、親族とは疎遠である。この経過で一時期はホームレスであった。5 回目の入院の頃に作業所を利用し、社会生活を続けることが可能になり工場で働くようになった。しかし 40 歳で工場のシステムに適応できず「お金がほしい」と入院を希望してきた。医師は外来での治療を勧めた所、遊興や新規患者に食事を奢る行為で浪費し、生活破綻となった。さらに近所の家の窓を割る、交番に行き刃物を見せるなど意図的とも思えるトラブルを繰り返し 50 歳までに 14 回の入院をした。病院は、次第に彼が再入院を希望すると「短期の入院のみ」と厳しい条件をつけた。すると今度は金融業の男性とトラブルになり、100 万の返済を求められるようになった。今回は「殺されるぞ」という幻聴が出て 16 回めの入院である。入院期間が 3 ヶ月を超え、幻聴も消失したため、退院時ケア会議が開かれる事になった。議題は、本事例の精神症状を悪化させる借金問題と対人依存をどう解決するかである。

【C 病院における退院時ケア会における検討事例概要】

参加者

　病院側：精神科医、病棟看護師、病棟看護師長、病棟精神保健福祉士

　地域側：地区保健師、福祉事務所生活保護担当者、通所施設就労継続支援 B 型職員、訪問看護師

　当事者：患者本人

場所：　外来会議室

時間：　13:00〜14:00

概要：**50 代男性。病識と病感の欠如により、一般科より精神科治療を希望する事例**

　20 年前に、幻覚妄想状態になり、初回入院。母は老人ホームに入居中。同胞 2 人は連絡が取れず。以後 6 回の入院歴がある。退院後は、生活保護と作業所で単純作業をして、質素に暮らしていた。しかし、障害者自立支援法で作業内容が変化した頃から、施設を休みがちになった。さらに自宅でのアルコール量と幻聴が増え、地域の福祉職員に支えられ 7 回目の入院となった。ところが、入院中に心不全を起こし、身体レベルが低下。信頼していた看護師が定年を迎えるなどの心理的喪失感もつのり、院内で自殺企図を起こした。これらの問題から、本事例をとりまく支援チームの組み直しを決めるカンファレンスが開かれた。問題は、医師が他科受診の必要性を説明しても、本人が「体の病は神様に祈るから大丈夫、不眠と精神病は治らないからここにいる」と了解しない事である。また、紹介した医院以外の医院を本人が受診するので情報が散乱する課題もある。本人は、ある程度判断能力があるので、治療への理解と同意を得る、早急に一般科チームを構築する戦略が話し合われた。

3.4　分析結果

　会議における参加者の状況について概観するために、発言回数を以下に示す（表 11）。病院側と地域側を比較すると圧倒的に医療側が多い。大きい声の者が会議の場を制するとは限らないが、司会を担う A 病院の医師や B、C 病院の精神保健福祉士は発話が多いのは「司会」役割によるものと推察できた。看護師は、一番患者の身近にいる存在である。A 病院のように本人不在の場合は、看護師が代弁機能を果たしている。B 病院のように本人の発言が多い場合は、看護師は観察者側にまわる傾向が見られた。いずれの会議も病院で行われる会議のため、病院側が地域側の関係者を招き、病院関係者が司会を務める構成をとっている。発言回数も大半が病院側であり、地域関係者は基本的に病院側からさまざまな説明を受けるという構図になっている。地域関係者の発言は少ないとはいえ、その内容は後で見るように重要である。発言のみならず、沈黙する、うなずくなど微細な行動が病院関係者には、会議の正否を占う重要な徴候と受け止められる傾向がある。

　まず、退院時ケア会における病院側からのコンサルテーションの推移を、先にふれた 4 つの局面に分け、病院と地域の相互作用の過程を分析する。

表 11）病院側と地域側の発言量の比較

| | 病院側 | | | 地域側 | | | | | 当事者 |
事例	医師	看護師	精神保健福祉士	保健師	訪問看護師	福祉事務所	通所施設	行政医師	本人
A病院	31 (24%)(司会)	48 (37%)	9 (7%)	19 (15%)	参加なし	4 (3%)	参加なし	20 (15%)	参加なし
B病院	17 (18%)	3 (3%)	26 (27%)(司会)	参加なし	参加なし	12 (13%)	5 (5%)	参加なし	32 (34%)
C病院	10 (14%)	12 (17%)	25 (36%)(司会)	6 (9%)	7 (10%)	3 (4%)	0(0%)	参加なし	7 (10%)

3.4.1 懐疑的局面

　集団の導入時期の「懐疑的局面」では、地域支援者は、医療側が何をしてくれるのか、自分に何を課せられるのか、と懐疑的に参加している場面である。

　それぞれの会議の導入場面を見ていこう。A 病院は医師、B,C 病院は精神保健福祉士が司会を担っていた。特徴的だったのは開始前のふるまいだった。どの病院も地域支援者に「よく来ていただきました」と丁寧に声をかけていた。又、A 病院では、日頃から看護師、精神保健福祉士が私服であった。これは、社会に近い形で地域支援者とテーブルを囲む、という病棟側の発想から出たものだった。医師は、会議に合わせて白衣を脱いだ。

事例：A 病院

　まず、A 病院の発言をみていこう。医師が「前回こういう集まりを持ったのは（カルテをメクリながら）、そもそも、まあ、今日何回目かっていうの、それすら分かってないのですが、誰か分かってる人いる？」と「誰が記録をきちんと残すのぉ？？」と問う医師に看護師が「先生でしょ」と答えている。これは、A 病院では、明らかに不自然なやりとりである。なぜなら、A病院はカルテ管理及び記録方法が厳密であることで有名な病院である。スタッフの共通のカルテで管理するしくみも導入している。カルテ記載については職員への厳しい教育もある。仮に医療側のスタッフだけで本カンファレンスが行われ、看護師が「先生でしょ」という様な会話をすれば、その看護師は人事査定（異動）対象になる位の大事な話である。にもかかわらず、参加しているＰＳＷも「わからないですね」とあっさり言っている。これは、地域側のスタッフを明らかに意識した初対面の人が集まった時に行うアイスブレーク（ice breaking）の技術であろう。しかし、地域側の保健師、福祉事務所の担当者の自発的発言は、この時期にはなかった。医療側のこの意図的なもてなしをうけた後の 10 分後に初めての発言が確認された。

【場面　懐疑的局面－Ａ病院】

看護師：ＰＳＷが、保健師と福祉事務所担当を会議室に誘導する。

（会議に参加する医療側スタッフは、白衣を脱ぐ。看護助手がお茶出している。医師、看護師、ＰＳＷは保健師と福祉事務所担当に「よく来ていただきました」と頭を下げる）

医師：えーと、録音のスイッチが入ったので（ｈｈｈｈｈ）

　　　そろそろ始めたいと思います。

医療側：（数人）ｈｈｈｈｈｈはい。

医師：ええと、前回こういう集まりを持ったのは（カルテをメクリながら）、そもそも、まあ、今日何回目かっていうの、それすら分かってないのですが、誰か分かってる人がいる？。

看護師：都医師　えー？

ＰＳＷ：分かんないですね。もう〜何回ぐらい？

医師：誰が記録をきちんと残すのぉ？？。

看護師：先生でしょ

ＰＳＷ：そうか。

医師：ｈｈｈｈｈ

（保健師、福祉事務所担当者は無言で着席し、医療側のやりとりを無表情で聞いている）。

事例：Ｂ病院

　Ｂ病院でもカンファレンスの開始期に司会の精神保健福祉士（以下ＰＳＷ）が自己紹介を参加者に促したが、福祉事務所の生活保護担当者は、自己紹介を拒否し、腕組みをして黙っていたままだった。この福祉事務所の担当のみを観察すると、13分間黙っていた。これは、議題が散財を繰り返す患者への逆転移の表れとみなすことができる。一方、患者自身はやや興奮気味で「久しぶり！」と支援者に再会の喜びを表現していた。筆者に対しても満面な笑みで以下のように名乗ってくれた。

【懐疑的場面②　B病院】

（施設の職員と患者さんは「久しぶり！」と歓談している）

PSW：じゃ、○さんはみんな知ってるんですがｈｈ、ちょっと自己紹介を。じゃあ、申し訳ないんですが。

患者：はい。

PSW：あのー、えー、○○さんから自己紹介。

NS：ええと、○さんの病棟のほうでNSの○○と申します。

PSW：で、あと、ちょっと、メールでお話ししたまがらさんです。

真柄：今日、あのー、同席させていただく真柄といいます。よろしくお願いします。

患者：○と申しますぅ。

施設：地域○○のほうで職員してます　○○と申します。

福祉事務所：○○福祉　。。。。です

（か細く、頷くのみ　腕を組み、眉間にシワを寄せている）

PSW：・・はい。じゃあ、私ちょっと進行させていただきますが、えー、そうですね、あのー、7月の8日に入院しましてですね、で、今回の入院の理由が、ええと、複数の友人に、こう借金があって、その返済でだんだん、こう、生活が難しくなった。で、ほとんど入院したときは一文無しでしたね。

患者：そうですね。はい。

事例：C病院

　C病院では、担当医師が急患のため会議に遅れる事態となったが、医師が来室する前には、地域側参加者は「怖いわ」「血圧高すぎよね」「本人だって嫌がっているんでしょう？」と否定的な発言をしていた。ところが、35分後に遅れた医師が来室した直後から彼らは一様に口を閉ざすことが観察された。

　医師の到着後に地域側参加者が明確な意思をもった発言をしたのは10分後であった。「転倒するのが目にみえている」とコメディカル同士の会話では自由に発言していたのが、医師が入室早々「とりあえず、総合病院で！（在宅ケアを含む）」と指示すると、地域側は

即座に無反応になった。地域側は、「血圧高すぎよね」と内心思っていても、発言権を交渉する手がかりも示されていなかった。地域側は自分が見立てた過程とは切り離された場面が展開し、そこに黙って居たのである。

【懐疑的場面　Ｃ病院】

保健師：不明）血圧も測れなくて、定期的な（不明）。

　　　　道端で倒れられるほうがかえって。

NS：そうですね、うん。

保健師：安心ですよね。誰かが通報するから。そうですよ。

　　　　自宅でそのままになるという、怖いですよ、結構ありますよね。

PSW：内科の入院中から〇病院で定期的に受診する。よって退院日を設定していくので、退院後は基本的には、まあ、ご本人とお話ししますが、〇病院に一本化すると。精神科に関しては、病院で、そのまま週1回の受診して。デイケアも週1回、その辺も確認していくと・・。(全体的に私語が多くなってきた)

保健：週1回で、受診日と、ああ。

全員：ああ、ああ。！！！！！

図5　　入室する医師（Ｃ病院）

（35分経過　医師が両手を挙げて話しながら入室）

PSW：ええと、今話してるのは。〇病院に一本化してとか・・・ｈｈｈ

医師：ええと、**とりあえず、〇病院で！**(声が大きい)

PSW：は？

医師:内科は一本化して！

看護：うん・・

地域側：　全員無言・・・・

集団の開始時期は、お互いのもつ文脈を探り、互いにコミットできるのかどうかを探る時期である。開始期の集団とは一般に、ただの寄せ集めである。この時期は、集団の機能を果たすことはできない。そこで医師は冗談を言ったり、また看護師からたしなめられたりしながら、まずは形式的な「仲良しクラブ」的な文脈を呈示する。「いつもこうなんですよ、先生ったら」という看護師の表現は「我々（病院チーム）の間柄には、緊張関係はないのです」という地域側へのアピールである。病院の敷居を出来るだけ低く見せようと試みている。それに対し地域側のみせた消極的な反応は、患者が退院して地域で生活を始めることについて、病院側がどんな支援をしてくれるのか、自分に何を課せられるのか、こうした点について慎重、かつ懐疑的であることを示している。

　ここから考察すると地域側が医療側に対して意見できるようになる為には、導入期のこの「懐疑的」段階は避けて通れない。懐疑的な地域に医療側が権威的な医学モデル的態度を示せば、地域側の意見は安易に抑圧された結論に流れてしまうことが示唆された。さて、次の局面に進んでいこう。

3.4.2　抵抗局面

　抵抗局面のこの場面は、地域支援者側からケースの論議に対し、抵抗や葛藤が生じる局面である。

事例：A病院

　A病院からその局面を見ていこう。開始から7分が経過した頃、A病院では、保健師が「あのー、ワーカーさんのほうにはちょっと伝えて、先生のほうには、あのー、お伝えして？？おも、おも、思うんですけれども」と、まず院内の連絡ミスを指摘し始めた。すると医師は、「僕が忘れてたんじゃないですか」と軽くいなしている。しかし、保健師は、患者が「保健所に来るのは嫌だ」って、前は言ってたんですけども・・」と地域でケアを受けることは患者が嫌がっていることを追加して発言し始めた。これは、医療への保健師からの押し戻しである。患者の自己決定を、全面に出した地域側の抵抗といえる。

【抵抗場面A病院】

　　保健師：あのー、外に出ていただいたほうがいいんじゃないかということで。
　　医師：うん。

保健師：「いったん、ヘルパーさんのプランを、ちょっと、あのー、中止してみましょう」
　　　　ということで。

医師　：うん。

保健師：そのことは、あのー、ワーカーさんのほうにはちょっと伝えて、先生のほうに
　　　　は、あのー、お伝えして？？おも、おも、思うんですけれども。

医師　：僕が、忘れてたんじゃないですか。ｈｈ

保健師：・・・・・で、それで、ええとね、一応、保健、「保健所に来るのは嫌だ」って、
　　　　前は言ってたんですけども。

事例：B病院

　次にこの局面でのB病院で生活保護担当者の発言をみてみよう。生活保護担当者は、「あ
のね、95852円！それと家賃43000円。ひとつは、福祉事務所がいっぱい、いっぱいで僕
が対応が出来なかったり、貴方（患者本人）が約束した日に来ないから対応できないんで
すよ。福祉が出さない分、友人から借りていたんでしょ。正直馬鹿らしくなるんですよ。
人様のお金ですから（間違いのないよう金額を）３回確認して渡している。なのに、その
分人から借りてるなんて！」と患者に対して具体的な批判や意見が噴出された。開始期に
は、腕を組み声を出さないかった生活保護担当者が、一気に語り始めたのである。

　そして交渉は、福祉事務所と病院ＰＳＷの攻防になっていく。病院ＰＳＷは、福祉事務
所が、窓口でお金の管理をしてくれれば患者は友人からお金を借りることが防げるという。
福祉事務所担当は、前任者がそれをしていたとしても自分は、バカバカしくてやってられ
ない。「出口」つまり病院の出し方の問題だ、と主張する。その中で本人は悠然と「窓口で
管理してほしい」と述べている。

【抵抗場面　B病院】

患者　：はい、借りてました。

福祉　：っていうことを考えると、正直なとこ、ばかばかしくなってくるわけですよ、わ
　　　　がほうも。

患者　：うん。うん。

福祉　：うん。お金の管理っていうのは昔みたいに、昔っていうのはいいかどうか別にし

てですよ、あのー、「つかみ」でやってないですから、あのー、人様の渡したお金ですから、3回ぐらいはチェック掛けるんです。1回渡すために。で、○さんかどうか、私がいなければ、まず本人確認をやらんといかんわけで。借金取りかもしれないでしょう？

施設：ああ、ああ。

福祉：で、それを考えては、それでも、こう、やらなきゃいけない人もいるので、なきにしもあらずですけれど、で、ま、週に4回、あ、月に何回かしても、その分、人からお金借りてたら。

PSW：うーん。

福祉：なんか、ばかばかしいな！とかいう要素はあることは、ねえ、○（PSW）さんが言われて、ですかねって。誰がやってったのかな？ええ。

PSW：今までS福祉だったときですね？

福祉：うん。

PSW：まあ、4年間入院せずに、まあ、やってた時期が平成8年から平成12年。

福祉：うん、うん、うん、うん。

PSW：で、福祉事務所で一応管理してもらった時期、2年ぐらいあったんですよ。

福祉：うん。

PSW：で、そのときが、大体、もうパンクしちゃうのが日常的だったものですから、数万円のストックを作りながら、で、当然つぶれてはそれを使いということで。

福祉：うん。

PSW：あまり残らなかったですけども。

図6　福祉事務所担当の説明を聞くB病院患者

福祉：うん。

PSW：えー、つぶれたときの相談先が福祉事務所になってたんですね。今はおそらく、お金が、な、無くなったときの相談先は福祉事務所じゃなくて。

福祉：うん。

PSW：お友達になっちゃったりするんですけど。その辺りで少しストックがあったりですね、残りがあると、その辺で、あの、指導してもらえることがあるのかなって。

福祉：うん。

PSW：感じがしますね。で、やっぱり、今クッションになるお金がないというところが、一番厳しいのかなという感じがしていて、で、衝動的な浪費がないことに越したことはないのですけれども。

福祉：うん。

PSW：ある程度自覚してもらいながら、でも、あるんじゃないかとかいうところで、がつですね。あと、今もちょっとお話をしたんですけど、あのー、地域福祉権利事とかの利用で、Ａさんが途中で、「もっとよこしてよ」とか、「お金が途中でなくなっちゃったよ」って言いさなければ、あのー、もうちょっと定期的な感じだけで済むのであれば、そちらのほうに移行していくとか、そういうことも考えられるかなとは思うんですけどね。

福祉：あの、9万、ま、家賃は右から左に払うべきものだから別にして、そのー、議論をしても仕方がないというのは、生活保護基準ですから、ここで議論しても上がりも下がりもしないという意味では仕方がない。だけども、96,000円自体が、やはり多い金額ではないわけですよね。で、おそらく加算がついている分、ほかの人よりは少し多い、2万円ほど多いかなとは、1万5,000円ぐらいかとは思うけれど、お小遣いじゃないからね、9万5600円も。お小遣いならばいいけれど、そこから光熱費、食費類、全部出すというのは、かなり工夫しないと、<u>Ａさんに限らず、ちょっと日々つらいことはつらいというのはあるかなということになりますよね。自分たちでやれとか。だから、今のほうがいいとは思いませんけれど、うーん。だから、そういう意味では、借金の問題と、あと、どうお金を使うかっていう出口の問題ってあるような気がしますけれど。</u>

PSW：うーん、まあ、一応、もう一回、今朝〇さんに、これからの生活の希望というのをちょっとね、あのー、お話を聞きながら確認させてもらったんだけど、まあ、そちらに挙げたのは、そのー、〇〇さんに2万円返済するのは厳しいと、で、<u>経済的に困らないような生活をしたいというような話をね、一番に言われてましたね。</u>まあ、今後の計画のほうにもちょっと入ってきましたけれども、まあ、少し自覚してもらいながら、あのー、福祉事務所のほうに、あのー、週払いとかですね、管理してもらうのは、どうですか？

患者：<u>はい、その線でいっていただきたいと思います。</u>で、あのー、何ていうかな、あ

の、家賃払って、残った分は全額、あの、一時○○（新しい福祉事務所の担当者）さんに持っていこうと思うんですけど。

PSW　:それは、どんなふうな形がいいんでしょうかね。

福祉 :今は口座にしているんですけれど、場合によったら窓口払いにしても、それは構わないですよ。ですから、支払日を決めて、その日にとかね、いうことを。だけれど、お金借りたら同じだしね。

事例：C病院

　C病院では、病院の精神保健福祉士に対し訪問看護の担当者が「ただの紹介状ではなく、もう少し丁寧な「こういう方です」みたいなそういう文書を貰えないですか　だ・か・ら・（転院先に通う理由）」と病院側の内科病院への転院の交渉の姿勢の荒さを指摘し始めた。また、観察された態度では、看護師と保健師が、地域の中で聞く評判の良い医師や悪い医師の情報交換を初めは小声でしていたがそのうち、参加者に聞こえる大きい音量になり司会のPSWは制止できなくなっていた。

【抵抗場面　C病院】

保健 :ただの紹介状ではなく、「こういう方だ」とキチンを書いてもらえないですか？？ので、（不明）だ・か・ら！通うっていうふうに。

PSW :うん〜

保健 :あれがあれば、それは、で、向こうでも、紹介状次第、いただけば。

PSW :うん。

保健 :あの一紹介状があればみますよ、ってっていただいているので。

PSW :うん。

保健 :なんとかなると思うんですが！！(怒りの態度)

　こうした不満や疑問の表明は、地域側が、病院に連携可能な方法論を今後、共有できる力量があるのかどうかの見極めをしているとも考えられる。そもそも病院組織では医療者

主導が前提である。ところが患者の支援が地域の患者自宅に場が移った後では、地域支援者が、医療者のような主導権を患者に対して握ることは難しいからである。地域で発生する事態こそ、主治医病院と地域の両者のスタンスが問われる。つまり、自宅に戻った患者に「この人達（地域側）に相談していくことは得だ」と地域側は思われなければならないのである。看護師と保健師の情報交換も、その布石と思われる。

　会議の始まりにみせた医療側のへりくだったふるまいに地域側は、まともな反応を避け懐疑的な反応を見せたことも理解できる。安易に病院に迎合し医療側からケアを丸投げされてはかなわないからである。そして次に地域側は、患者を受け入れる場合には「あのね、95852円！それと家賃43000円」という生活問題が重要になることを細々と医療側の前で示すのである。地域側の見せたこの抵抗は、医学モデル（疾病モデル）の文脈で「生活」を評価する病院側のまなざしと地域側の生活モデル（事例モデル）の文脈で「生活」を評価する地域側のまなざしの調整が必要であることのアピールであり、追い出しにかかる医療機関の権威に対しする精一杯の抵抗であろう。

3.4.3　問題焦点化の局面

　問題の焦点化局面では、問題となっているケースについて何が問題か焦点化され、地域支援者側の抵抗を解決する場面である。いずれの病院でも、上記のような地域側にとっての現実的な抵抗についての表明が行われた後に、重要な問題が扱われ始めた。

事例：A病院

　A病院の医師は地域側に対し、「何ていうのかな、ほどよい感じでつきあえる」とか、「言葉にするようになったよね、寂しさとか、感謝の気持ちとか、僕にも「世話になったなぁ」とわりとストレートに言いますよ。新しいことだからどうなるっていうのはあるけれど、そんなに揺れたりしないと思いますよ」と地域側の不安を受け止めようとした。

　この医師の話の後に起きた沈黙は、7秒もあり各人は医師の言葉を受け、腹をくくる場面であった。この沈黙は、開始期の沈黙とは質が違った。筆者の観察では、開始期での地域側支援者は、腕を組む、足を組み換える、視線を合わせないなど否定的なノンバーバルな態度が確認されたが、この場面の参加者にその態度にその態度は、見られなかった。大坊は、発言と沈黙が両者間でうまく公替する場合に伝達の効率がよくなるという知見が見出さているが、まさしくこの場面での沈黙は肯定的な意味を持つと観察できた（大坊1998）。

しかし、具体的なケアプランを決める段に入ると、今度は看護師とＰＳＷ対保健師の、綱引きがまたも浮上した。看護師が「保健所さんとしては、あのー、支援センターのほうを優先にして、したほうがいいとかっていう、なんか感じあります?」といい、ＰＳＷが「支援センター近いのですね?」と述べて地域ベースでケアを組ませようとすると、保健師が「彼の希望、えっと、彼が自分のいる生活のペースとか、やっぱり、あのー、思いというのが、まあ、あると思いますので、彼が優先したいっていう部分を優先できればいいかなと嫌なとこ（地域）に無理に行ってもしょうがないですし」患者の生活エリアを「病院」の周辺に留めようとしていた。

【問題の焦点化場面　Ａ病院】

医師: まあ、そんな状態です。ご本人の中にも、なんか、地域で支えられて生きてるんだみたいな感じが今あるみたいだし、こちらも、何ていうかな、そういうもんに対してなんか、何ていうかな、まあ、<u>程よい感じで付き合っていけるのがあるから、まあ、これが維持できればそれでいいんだと思うし。まあ、これからね、その新しいことを始めていくから、そこで、まあ、どうなるかっていうのはあるけども、そんなに大きく揺れたりはすることはないと思います。</u>

沈黙

NS: 保健所さんとしては、あのー、支援センターのほうを優先にして、したほうがいいとかっていう、なんか感じあります?

保健師: 彼の希望、えっと、彼が自分のいる生活のペースとか、やっぱり、あのー思いというのが、まあ、あると思いますので、彼が優先したいっていう部分（病院）を優先できればいいかなと嫌なとこ(地域)無理に行ってもしょうがないですし。

医師: うんうん、うん。

保健: 彼がやっぱり楽しく行けるっていう、今の状態が一番(病院)がベストなんだと思うので、そうですね。そうですね、やっぱり、あの、デイケア優先にしていただいて、で、そのほうが多分、彼もいろんな、こ、作業……。

Ns: うんうん。

保健: とかも出てきますよね。だ、私も支援センター、なかなか、行こう、行こうと思って、ちょっと、まだ行けてない、まだ行けてないんで、ちょっと、どんな状況かっていうのは分からないんですけれども、ただ、ただ、ぼーっとしてくるより

　　　も、人とかかわれる……。

Ns：うん。

保健師：　時間があったほうが、彼にとってはいい刺激になるのかなと思ってますので、
　　　まあ、誰もいない所でぽつんと一人の時間を過ごすのも、まあ、大事なんでしょ
　　　うけれども、ま、それは、土日とか家に帰れば、もう、一人になってしまうので、
　　　そういう人とのかかわりが持てる時間を、彼は昼間過ごしたほうが。

NS　：うんうん。

保健：いいのかなと思ってますので、デイケア、月・水・金、行けたなら行っていただい
　　　て、その中で、まあ、天気とか体調とか。

NS：うん。

保健：そうですね、見ながら、あのー、支援センターに,うん、半日通えればいいのかなと
　　　思いますね。ただ、私も、まあ、ちょっと、保健センターでも月2回ぐらい訪問とい
　　　う形が今まで続けられてきてるんですけれども、まあ、1回は訪問して、彼の家の様
　　　子を見るっていうのも必要だと思うんで、1回は訪問したいと思うんですけど、あと
　　　1回は、そのデイケアの帰りとかでね、寄ってもらってもいいのかなという感じで、
　　　2回行くよりも、1回行って、ま、生活が乱れてないかを確認して、あと1回は、あ
　　　のー、その日頃の、そうですね、あのー、日常話みたいのができるといいのかなと思
　　　っていますので、1回訪問の、1回来所しての面接というのを、ちょっと彼に提案し
　　　ていきたいかなと思っています。

NS：デイケア処方せんを（小声で）。

NS：うん。

医師：ああ、ああ。

PSW：支援センターはなんか、彼の家、近いんですね？。

NS　：うん、近かった。

PSW：　歩いてどれぐらい？　　もう、ほんとに5分か6分ぐらい？

NS　：（不明）。

PSW：　ああ、そうですか、ふーん。じゃ、とっても、い、いいわね

NS　：うん。

PSW　：だから、なんか、ふらっと、こう、彼が、夕方でもいいわけだから。

NS　：うん。

PSW　　:行ける場所としては、まあ、非常にいいですよね。

事例：B病院

　B病院の医師も「通所施設でオープンにしたらどうだ。これまでこういう事しました。だから貸さないでくださいって。こんな事ばかりしていると今度こそ、友達なくすぞ」「アルコールの人みたいに、グループで自分の問題を話しなさい。病名なんかなんでもいいんだから」と患者の日頃の対人依存関係の癖を指摘した。そして、アルコール患者への指導要領を用いる提案をした。

　それに対し、患者は「アルコールはほとんどのまないっす」と反応した。この想定のずれは、人間関係を良好にしようとする医師の方略が優先されたので、取り扱われないまま話は続く。そして「地域というのは、こういう人たちが常にいないところで生活することなんだぞ」と福祉担当者の立場を支持しつつ、患者を叱責した。医師と福祉事務所担当者と患者本人の間でやりとりが繰り返されても、借金に関する問題がすぐに解決するわけではない。しかし、そのやりとりを患者に見せるという効果は医師の治療的意図であると考えられる。

　また、医療者が地域側の生活モデル（事例モデル）の文脈を取り入れようとしているともいえる。病院内で行う評価指標が実生活と隔たりのある結果になることは指摘されている（池渕 2006）。隔たりの原因は患者の内的動機づけや自己効力感の有無であるという。患者の内的動機づけを引き出すためには、医療者は疾病を治す以上に、患者の個性に応じて生活指導をすることを優先するである。

【問題の焦点化場面　B病院　】

_____

PSW:　ただ泊まる分にはいいのかもしんないけど。

患者:　は

施設:　ああ。

PSW:　何日も泊まり込んじゃうと、やっぱりこう、いろいろと利害関係、出てきますよ

ね。で、Ａさんは人からお金を借りるのは、やっぱ、他の人と比べてうまいと思いますね。ちょっとね、1,000 円ぐらい借りて、1,000 円返すのと、なんかおごってあげたりもするんですよ。

PSW:　この人はしっかりした人だな、すごく、おも、思うんだけど。

患者:　ああ。ｈｈｈ

PSW:　そのうち、「今度 5,000 円貸してくれない？」って、多くなって。それがね。

患者:　(不明)。

PSW：なんかね。なんか、その、すごく親切で人当たりがよくて、すごく、お金もきちんと返してくれて、あの一、優しい人なんだけど、いつの間にかつぶれちゃってるっていう感じで。やっぱり、どっかで、その一、借金しないとか居候しないという**原則**をね、持ってもらうことが、やっぱ必要かな。

医師：オープンにしたらどうだ。「今までこういうことあったけど」って、〇さん、自分で言うかい？

患者: はい。

医師:　うん？

患者:　言えるようになります。

医師:「頼んでも貸してくれるな」って言える？

患者:　はい、言えるようになります。

医師:　もう、既に問題があると、にゅ、入院の理由がすべてお金じゃな。

NS:　　ねえ。

医師:　うん。でも、まあ、今度、こっちの、し、こっちの作業所で借りれなくなったら、。

施設:　　ええ、ええ。

医師:　　なんちゅうかな、その一、アルコールは、あなたは問題ないけど、アルコールの人みたいにさ。

患者:　アルコールはほとんどのまないっす。

医師:　いいの病名は。アルコール依存症の人みたいでいいの、「自分は酒が問題あるんだ」とみんな言ってるけど。そうでないとほら、付き合いで飲んじゃうことになる。

PSW:　:うーん。

医師:　自分が借金で、借金病だ、でいい。借金してしまうから！。うん。そういうふうにするしかないんじゃないかな。うん。そんなんしないとな。

医師：　ここで、こっちで借りれなければ、そっちでというか。

患者：　はい。

医師：　特にでね、ちゃんとしてやってる人だったら、メンバーね、かわいそうな人だな
　　　　と思っちゃうということもあるだろうから。それは、ちょこちょこ借りるんだけど
　　　　も、ちょこちょこでも同じことだから。

施設：ええ。

医師：　大口と小口がたくさん。同じことじゃない。

患者：はい。

医師：そういうふうに、ね。

患者：はい、はい、はい。

医師：　そういうことを、みんなに言えるかどうかだと思うな。

施設：　結構、正直な、正直なとこがありまして、何人かのメンバーさんは、よーく把握
　　　　してます、〇さんのその状況を。

患者：あ、はあ。

施設：他のメンバーが、〇さんの借金の状況を心配してる、声掛けるっていう場面もある
　　　　んですけど、まあ、今、<u>先生おっしゃったとおり</u>、やっぱり作業するにあたっては、
　　　　きちっと皆さんに知っていただいた上で、あのー、線引きをして入所してもらった
　　　　ほうが安心ですね。

医師：　要するに、<u>今度こそ友達なくすぞ！</u>。友達がなくなっちゃう、ぞ！

患者：　はぁ（うつむいている）

施設：　そうですね。

医師：　うん。せっかくよくやってるところをね、う～ん。

事例：C病院

　C病院では、会議に遅れてきた医師の主導で短時間に本質的問題に踏み込むことになっ
た。医師は、「お願い！◦病院を受診して、お願い」と患者に外来で一般診療科を受診する
ように勧め、地域関係者には、一般疾患のある患者なので、地域でケアしてほしいと理解
を求めた。さらに「退院したら旨いものを食わしてやってくれよ」とか「とにかくヘルパ

ーさんは越路吹雪似（患者さんの好み）の年配者をよろしく」等、地域でのケア体制をひたすらお願いする。この時のＣ病院の医師は、地域の視座である「生活モデル」を逆に一気に使ってしまおう、という意図的な技術が見られた。つまり、遅刻したこともあろうが、徐々に妥協線を見つけるのではなく医師が、地域側の予測以上に「生活モデル」を直球で呈示したのである。医師がひたすら関係者にお願いすることや、食べたいもの食べさせる、好みのヘルパー派遣を優先するという患者の生活上の主観的ニーズを満たすことを提案し合意形成を得ようと務めるのである。患者は、「心臓に痛みは神様にお願いをしたら治してくれたから精神科に居たい」と述べ続けていた。しかし、医師は、生活を包括した医療の視点で、患者を説得にかかる。

【問題の焦点化場面　　Ｃ病院】

患者：　痛みがあるのね 20 日に。

患者：　はい、神様がきて治してくれた

医師：　うん。

医師：　心臓の痛みはね。

患者：　不安になると。

患者：　心臓の痛みはなくなった。

医師：　心臓に影響が出るし、痛くなることもあるから。うんうんうん。

医師：　お祈りして安心すると、収まるかも！しれないし、実際に心臓が、そのときね、
　　　　一時的に詰まる。診断では、あれしても大丈夫なんですけどね。

患者：　それと、神様にお願いして。

医師：　hhhh。

患者：　を測るのも神様にお願いをして。うん。

NS：　変わってくる。

医師：　今、血圧、幾つ？

本人：　154。

NS：　もう、今日はね。

患者：　うん。

NS:　今日の日中はよかったんです。

医師:　ああ、そうか。

NS:　夜とか朝はね、かなり高いんです。

NS:　朝。

医師:　そこはコントロール大変だね（不明）。

NS:　コントロール。内科の先生

　　（不明）けど。

患者:　神様にお願いする。高いのも下げてもらうって。

医師:　あれ、クリニックでもヘルパー付き添いはさんも行ってくれるの？訪　クリニック。あ、木曜日、あ、もし駅の近く。そうだ。

┌────────────┐
│ 50 分経過 │
└────────────┘

医師:　来てもいいけどさぁ・・・・安静にしてほしい。Hhhhhh

患者:　ああ。

患者:　内科で、（不明）。

患者:　内科に……。

　　　Hhhh

患者:　だけど、不眠はここ。

医師:　うん。

PSW:　3カ月まで延長できることなので、それをもとにして、ちょっと早めにかかってもらった（不明）しばらく通ってみて、（不明）。

　　　（改めて、医師は、患者に近づき目の前に座り直す）

医師:　まず、内科は、内科、おしっこは□総合病院で！。そこ、そこだけにしましょう！

患者:　分かりました。（不明）。

医師:　体の情報が一つの病院でまとまってたほうが、治療しやすい。入院中に総合病院の内科や泌尿器科に行きましょう。体が大変になったら、・・・・病院の精神科に行くことも考えましょう！！

患者:　あ、でも、やっぱり眠るのはここ。

全員:　あ～（落胆の声）

患者:　ああ、そう。心臓のことはね。心臓に痛みはありましたけども、この 10 月の 20

日に神様にお願いをして。神様が来てくれて、その心臓を治してくれ、その心臓
の痛みを持ってってくれたから。だから、自分の心臓は治りました。痛みもなく
なりました。うん。神様にお願いをして、自分もお願いをしたから。

　　　　　　　　　（沈黙）

医師：　うん、うん。

NS：　ね。

PSW：　神様だけじゃ心配だからね。

NS：　うん。

PSW: 内科にいく日（精神病院に居ながら内科外来で）

　　　をきめて　それより前に紹介状をつくらなくちゃ。

　　　お互いになれなくちゃね。総合病院にはいこうね！

　　　　　　　　　ｈｈｈｈ

医師: でもね。でも、心配だから、また総合病院にも行って、お願い！！！！ん、うん、

　　　うん。

　　　　　　　（不明）ｈｈｈｈｈ

NS：　一緒に行くんだよ。ｈｈｈｈｈｈｈｈ保険の手続きができたら・・。

　いずれの病院でも、もっとも重要な問題、すなわち、A病院では、患者の穏健さの保証、
B病院では借金と対人依存関係を止めること、C病院では一般疾患患者として地域で受け
入れてもらうこと、これらの問題へのアプローチは会議の後半になってようやく始まった。
いずれのケースでも、関係者が患者の逐語を再現し合い、共感や確認し合うことで、最終
的にそれを受け入れる形で問題が収束していった。

3.4.4　合意形成局面

　合意形成の場面は、退院後の治療計画、及びケアのあり方に参加者が合意する。地域生
活上の推測される問題に方向づけがなされる局面である。さて、45分が経過し、退院につ
いてやっと方針が決まる。

事例：A病院

　A病院では医師が「保健師さんが、必要だ！と思ったら召集してくれれば・・・・。もう、地域へ帰していいと思う。地域で暮らす人と同じです」と言い、東京都の医師も「こちらも記録がありますから、すぐ駆けつけます」と担当の保健師を全面的に支えることを表明した。特異な場面だったのは、退院がほぼ決まってから、やおら医師2人が「ところで、先生お薬何ですか？」「はい、○を○グラムです」と型通りの専門的やりとりがあったことである。その間、病院の医師は専門家同士の会話口調となり、その前後の、くだけた調子とは異質であった。会議におけるおどけた様子が、明らかに意図的なフレーミングを含んでいると理解できる。その後すぐに彼らは、元の口調に戻り、「人なつっこい性格だったんですねぇ」と患者の病前の穏やかな性格を強調した。

　都医師が「それでも、お薬飲むこと、嫌がらないんですね」というのは、服薬により本人には辛い副作用があっても主治医を信頼してくれているという意味である。都医師は、患者から信頼されている主治医をメンバーの前で承認した。又、患者が退院後に利用する施設に以前の担当精神保健福祉士がいる事を「昔、迷惑かけたスタッフにまた再会するなんて、ある意味いい出会いがこの人、できましたねぇ」とも述べた。これは、都医師が担当保健師の不安を緩和する材料としての補助線でもあるが、これまでのチーム全体への労いである。これは、合意経過を分析するうえで重要なメッセージの1つになった。

　さらに医師がまた「K区に頼んでよかった」と述べたのは、病院が立地しているのがU区であるからである。A病院は、U区への退院支援をするノウハウの蓄積があったがK区への退院支援の実績はそれほどなかった。それ故、改めてK区との連携の意義があったとの発言も追加していた。

【合意形成場面　A　病院】

都医師:いえ、なんかもう大変身ですね、○さんね。ウオーキングをしたりなんだり。一

　　　　応、先生、<u>今、この人のお薬どんなもんなんです？</u>

医師：　<u>聞かれるとおもってました、</u>

フロア：　<u>ｈｈｈｈｈｈ</u>

医師：　セレネースがまだ9ミリ入ってますね。セレネースが9ミリと。

都医師：　ええ。

医師：　あと、リーマスを600。

都医師：　リーマスが効い……。

医師:　うん、リーマスが効いた。

都医師:　ですかね〜？。

医師:　ん、うん、かもしれない。

都医師;　それ、例えば飲みましたかね。

医師:　ええ。

都医師:　リーマス 600 ですか。

医師:　はい。

都医師:　はい。

医師:　あと眠剤ですからね。

都医師:　ふーん。

医師:　そうですね。それですね。

都医　　600 と（メモする）。

医師:　うん。

都医師:　それでも、お薬飲むこと、嫌がらないんですね。

医師:　うーん・・。

保健:　いつも、て、ちょっと震えはある（不明）。

医師:　ふーん。

看護:　でもね、だんだんね、あのー、お箸とかね、あの、持てなくなってきたんですよ。

医師:　うん。

看護:　口まで、こう、運べないの。

医師:　うん。

看護:　それで、ずずずずって、こう、吸うようなね、感じで、もう食べるんですよ。

医師:　うん。

看護:　で、洋服も、あのー、ファスナーが、こう、できない、なってきてるのね。ファスナーを、こう、ジャンバーやなんかで合わせられなくて。

看護:　うん。　だから、脱がないまんまで食べたりね。

医師:　ふーん。

看護:　で、掛けるのも、もう、掛けるときに大変だから、朝はすごい時間かけてやってくんだと思うんですよ。あのへんをなんか、その一。まあ、洋服を選ぶときにね、マジックテープのものにするとかね、ああいう工夫っていうのをしていったほう

がいいかなと思ったりも。冬場辺りはね。

医師：ふーん。

看護：それから、あのー、もう、マイスプーン持てっていうふうにして、こないだもね

医師：うんうんうん。

看護：「マイスプーンとかマイフォークとか持ち歩け」って言ったぐらいに、手が、ほん
とに、こう、握れないし、持ち上がらないっていうか。握れないから持ち上がん
ないだよね。

医師：うんうん。

看護：ちょっと指先のあれが、「困ったな」とは思ってますけど。

沈黙

都医師：ふーん。

看護：でも、人に頼んでね、ジッパー上げてもらったりとかね、あの、したりするんで
すよ。「頼んじゃった」とかね。

保健：で、それは、スタッフに。

看護：ううん、じゃなくて、。

保健：うーん。

看護：うん。トイレに行って、あのー、上げれなくて。

保健：ふーん。

看護：上げてもらって、あのー、席に帰ってきてやったりとかね。ジャンバーは手伝う
ことはできるじゃないですか。でも、トイレに行ったときのジッパー
はね、手伝えないし。

保健：うん。

看護：だから手伝って、あのー、何、自分でやらせて何になるっていう状況じゃないで
すか。もう、よくなるとか、そういうあれではないような気がしてね。

保健：うんうん。

看護：上げて、あのー、手を貸しちゃうんですよね。

保健：うん。

看護：そういう、あれがちょっとこう、なんとか。まあ、それでもね、あのー。

医師：うん。

看護：この間は、自分でね、定食屋さんみたいなところに入ってね。

医師:　うん。

看護:　食べたらしくて、私たち2人にね、「地元のとんかつ屋、おいしいとこあるから連れてくよ」って。

都医師:　へえ。

看護:　言ってくれたの。「あ、こんなとこ来てんだ」みたいなね、すごいうれしくて、「行ったけど、（本当は）1回しかないんだ」って・・・うん。

保健師:ふーん。

看護:　でも、もう、手で、こう、食べるとかね、もう、あっちこっちにいっぱい、こう、くっ付けるとかっていうふうな状況で。

医師:　うん。

看護:　やってるんで。

　　　　（沈黙）

医師:　うん。

看護:ちょっとつらいかなとは思いました。

PSW:　へえ。

看護:　うん。

都医師:　なんか、この人、実は随分、人懐っこい人なの。

PSW:　そうですね。

看護:　元々がそうなんでしょう。

PSW:　そういうことですよね、うん。

都医師:　元々の性格が人懐っこくて、それが病気で隠されちゃってたのかな。

看護:　あの一匹おおかみ的な、うご、あのー、どうしても、私、一匹おおかみ的ってのが好きでさ。

保健:　え。

看護:　だ、誰も、誰にも心許さず、誰も頼らずみたいなね、そういうやり方してきたのが、ここのところで。

医師:　うん。

看護:　もう全部はがれちゃって、受け入れてきたのかな、周りを、みたいな感じは。

都医師:　人にうまく頼るような感じがしますけれどね、話聞いてると。年取って丸くなったかもしれませんが。

看護：うん、そうですよね。

保健：月1回のお食事会とかね、すごい（不明）カレンダーの中で一番、こう、ひとき
　　　わ輝いて。うん、そういうのすごく、人に対する、<u>こう、何ていう、ガードが取</u>
　　　<u>れたんじゃないかなと思うんですけどね。うーん。</u>

看護：何しろ、でも、いろんなこと、手を変え品を変えみんなで考えてね！。

保健：うん。

看護　やったもんねえ〜（周りをみて）。

図7　A病院の合議の様子

　　　（略）

都医師：<u>でも、先生、この人ね、支援センターに行って昔迷惑をかけたスタッフに、懐か</u>
　　　<u>しいっていう思いで出会えたっていうのは。</u>

医師：うん。

都医師：<u>ある意味じゃ、いい再会をしましたよね　実は　ねえ。</u>

看護：　〇区がどこって。

　　　　ｈｈｈｈ爆笑。

医師：そういう意味でも、<u>K区に、またお願いしてよかったなと思いますけどね。</u>

看護：ほんとにね。あと、ほんとにでもね、<u>ほんとに素直にね、「迷惑かけたんだ」と</u>
　　　<u>かっていうのはね、言ってましたからね。</u>

事例：B病院

　B病院では、冒頭に示した発言状況にもあるように、本人の発言が非常に多い。特に病
院関係者と本人との間のやりとりも多い。この時点でB病院のPSWは、患者が今までの
借金してきた相手がヤクザから一般人に変わったと、プラスのリフレーミングを試みる。
そして、患者の人間関係の癖を『「〇さん」って、普通に言ってたけど、「〇ちゃん」って
言ってた時代から、私が訪問したときには「〇！」に変わってきたし』と指摘した。いつ
のまにか、周りからディスカウントされる立場にされ、それで殴られたり入院騒ぎになる

ことの問題を指摘した。そして、解決の一手としてはケアに「枠」をつくること、つまり生活上の管理を福祉担当者が担うことを提案している

【合意形成場面　B病院】

患者：　そう。

PSW：　○さんも。でも、だんだん、その、ほんもののやくざさんから、一般人に借りるようになった。

患者：　ｈｈｈｈｈｈｈｈ。

PSW：　やっぱり、どうしても、こう、うん、子分みたいになっちゃうもんね。

患者：　それはありますね。そういうとこ直さないとね。

PSW：　何でなんでしょう。頼りがいがあるんだというふうに思うんですかね。

患者：　それは最初にあるんだけど、最初は対等に付き合ってたんだよね。

PSW：　うんうん、うんうん。

患者：　いつの間にか借金しだして、最初の頃はそんなに殴んなかったんです、

PSW：　うん、だって。

患者：　何があったか知らないけど、急になんか殴るようになってきたんだ。突然ね。

PSW：　「○さん」って、普通に言ってたけど、「○ちゃん」って言ってた時代から、私が訪問したときには「○！」に変わってきたし。

患者：　そうそう。　そうですね。

PSW：　随分年下なんだね、▲さんのほうがね。
　　　　だけど、○さんのほうが「▲さん」って言ってるし、おかしな関係だな。うーん。なんか、もう、そこまで行っちゃうと、自分ではすごく不利な立場にいるんだけど、まあ、もし離れようとすると、「全額返せ」というのもあるし、殴られたりするのが怖いしということで。

患者：　それはあったですね。

PSW：　でも早めに、でも、やっぱり、もしそういうふうになったときに。

患者：　結構、何回も言われましたよ。

進行：　うん。

患者:　「おまえ、帰れ」って、「全額お金返して帰りなさい」って言われたことありますよ▲さんに、何回か。

PSW:　　「そんなことは言わないで」って話をしてたわけ？。

患者:　そう。「そんなこと言わないで」っつうとさ、「じゃ、言うこと聞くか」って。

医師:　<u>「全額返せ」って本気。か？、返せっこないだろう。</u>

患者:　返せっこないだろうけど、そういうふうに言うんだよ。

医師:　他から借金してもなんでも？。

患者:　あの、「帰れ」って言うの、全額返して。

先生:　うん。

患者:　じゃあ。

医師:　<u>だから、一緒にいるのも、お互いが楽しくもないというのもあるからな。</u>

患者:　はい。

PSW:　それもさ、やっぱ早めに対処しましょうよ。もし、そういう感じになったらね。

患者:　はい。

PSW:　<u>でも、その前までは結構うまくやれる友達で、▲さんも 10 年前ぐらい、以上の友達だよね。</u>

患者:　そうですね、あのー

PSW:　ね。

患者:　あのー、リラックスクラブででソフトボールやって。

PSW:　ふーん

患者:　スポーツクラブ。あの頃からの友達だからね。○さんはね。

PSW:　ねえ。一緒に住まなければ、友達でいられたかもしんないですね。

患者:　そうですね。

PSW:　でも、ほどほどのというのもね。作業所の中ではほどほどの人間関係ができるね。

施設:　そうなんですよね。

PSW:　<u>枠があると安心できるし、</u>ねえ。誰かに相談できるというのもあるね。まあ、あのー、折に触れて、あの、話をしていく、まあ、機会を見つけてしていきたいなとは思うね。

患者:　はい。

事例：Ｃ病院

　Ｃ病院の医師は、患者の退院日設定を、退院後に外来で通うことになる内科医と患者本人がお互いに慣れた時と定めた。そして、医師は、訪問看護師に「気がつき過ぎない人がいいんだけど」という。これは、精神疾患の患者が退院することは、地域にとってはリスクである。このリスクを強調することは、地域側からの反対する材料になるからである。

　しかし、この医師の発言に戸惑う訪問看護師も観察された。慌ててＣ病院の婦長は、地域側に「私たちは見守りができないの。医療だから」「だからこうしてみなさんに頼んでいるじゃないのよねぇ〜」と医療のもつパターナリズムの病院内看護の限界を地域に示し、地域側の自尊心に火をつけようとするのである。

【合意形成の場面　Ｃ病院】

　訪問看護:　先生・・(在宅でのケアプランについてノートをもって聞きにいく)

　医師:　「気がつきすぎない人がいいんだけど」っ

　訪問看護　:あ、はい、はい・・

　看護師長）:私たちは、「見守り」ができないの。どうしても医療でしょ。

　　　　　だからこうしてみなさんに頼んでいるじゃないのよねぇ〜。(椅子を片付けながら)

(医療側は、施設の職員に声をかけ、今まで退院していった人の様子を聞いて、ケアをしてもらっていることにお礼をいっている。施設側は、「元気ですよ」と報告している。そして、地域側スタッフらはこれからの危機介入の打ち合わせをしていた)。

　PSW:　お願いします。それから、

　　　　　じゃ、今日はこれで。(個別に声をかける)ありがとうございました。

3.5　カンファレンスの意義

　前節の分析にあるように、退院に関する病院側と地域側の合同会議は、精神保健コンサルテーションにおける一般的な推移、すなわち、懐疑的局面、抵抗局面、焦点化局面、合意局面をミクロな形で安定したパターンを示していた。この4段階を大まかに表にすると以下のようになる（表12）。

表 12) ３病院の時間の流れ　シークエンス

time		0	15	30	45	60
A病院		懐疑	抵抗	問題焦点化		合意
医師の言説		地域関係者にへりくだる態度「わかってないんだけど」	情報電伝達不足への苦情「僕が忘れたんでしょう」	程よい関係性が出来ている「そんなに揺れたりしないと思いますよ」（沈黙）医師同士薬の確認		保健師へのサポート体制の確認「召集してくだされば」
B病院		懐疑	抵抗	問題の焦点化		合意
医師の言説		福祉担当名乗り拒否「その話、してない、かな？」	借金が入院に結びつくことの問題「本人の自覚を待つしかないんだけどな」	アルコール依存者用のグループ支援を提案「オープンにしたらどうだ」PSWと生活保護担当の議論		退院後の挫折を予測する「友達なくすぞ」
C病院		懐疑	抵抗		問題の焦点化	合意
医師の言説		血圧のリスク	紹介状をキチンと書いて欲しいと要求		内科へ転病院し、在宅へ「お願い！うまいものをくわしてやってほしい」	ケアプランの確認「そんなもんあてにならないけどな」

医師外来で救急があり、不在

　無論、退院という文脈はそれまでの数回の会議の中で少しずつ生成されるつもりで、地域側は病院側の要請に対してある程度は抵抗するつもりで参加している。したがって、この会議の企みは、参加者には暗黙の了解事項である。対人支援職の持つ既成概念的な物語とニセモノ感は否めない。

　しかし、それでもなお「合議」に至る為には、病院側と地域側が協力を生じさせる為に上述の動的な局面を、逐語にして繰り返す語りが見られた。これは、多層的ニュアンスを確認する臨床の技術である。共に関わった実践をもとに疑問や戸惑いを交流しあうことで、相互の支援観や治療観に対する理解を深める作業でもある。

　例えば、彼らは、患者の代弁者として多くを語る。「（A 氏）が世話になったなぁ」と言っていました。「（B 氏）は、ごめんなさい」と言いました。（「C 氏」は、越路吹雪似の NS に世話をして欲しい」といっていました。と本人の口調を真似て支援者らは次々に対象者の逐語を再現する。この作業によって、支援者らは患者に対し、同調はできないが共感はできるという価値へ加工する。中井は、サリバンが「精神医学的面接は音声的コミュニケーションである」といったことを紹介しているが、患者の声を真似る音は重要なファクターの１つである（中井 1986）。

　退院が地域にとっても病院にとってもこれからの潜在的リスクを受け入れるためには、この一定の手順を踏んで互いが納得することである。こうしたプロセスによって、地域の専門家は問題の対応への自信や理解を深めることができる。ここでの医師の仕事は、チー

ム医療の確立とそのチームの維持である。宋は「精神科医が最もストレスを感じるのは、対患者ではなく対スタッフである」と述べている（宋 2015）。つまり、一連の流れにおいてカンファレンスは支援者たちのネットワークを創りあげるものとして用いられていた。

3.6　合意形成の条件

　以下は、こうした退院にむけて集まったメンバーの合意形成において、医師が特によりどころにしている論拠についての考察である。分析は、筆者が合意形成において特に重要な局面における発言をとりあげ、それらがもつ機能をコード化し、さらにそれを3つのカテゴリーに分類した(表 13)。

カテゴリー	コード	発言
〈慣れること〉	患者の「変化の弱さ」へのコーピング	新しいことを始めていくから、そこでどうなるというのはあるけれども、そんなに大きく揺れたりしないと思いますよA病院(医師:430) (地域の病院に)定期的に行くようになればおなじみになるだろうというのが大事ですね。C病院(SW:94) とりあえず慣れるまではね〜C病院(保健師:151) 新しいヘルパーは病棟担当だった看護師さん似の人にしてください。C病院(医師:494) 今までずっと(患者を)知っているので、内科の事も知っているC病院(訪問スタッフ:152) 世話になった保健師さんにいいイメージが。奥さんに似ているんですよA病院(NS:231) じゃあ、その保健師(奥さん似の)さんのところには行くと思いますねA病院(保健師:234) 彼の持っている予定表には、担当看護師さんの名前が一番ひときわ輝いている。人に対するガードが取れたんじゃないかと思いますね。A病院(保健師:423) 新しいことを始めていくから、そこでどうなるというのはあるけれども、そんなに大きく揺れたりしないと思いますよ。A病院(医師:430) (この場の様に)みんなが見ている(病院)の環境じゃないだぞ。一人暮らしは大変なんだぞ、だろ？？B病院(医師:261)
	病院―地域間の連携の慣れ	また(区にある当病院も)この事例をK区にお願いすることができて良かったと思いますけれどねA病院(医師:519) 当初(前福祉担当者)は、週払いとか月に2回払いとかやっていただいてたんですが4月になって(新福祉担当者)その辺をはずした。B病院(SW:156) 以前は、福祉事務所で一応、管理してもらった時期、2年ぐらいあったんですよ。B病院(SW:176) (生活が)つぶれた時の相談先が福祉事務所になっていたんですね。今は、おそらくお金がなくなったときの相談先は福祉事務所でなくなった。B病院(SW:183)
〈わからないこと〉	医療の権威を解体する	今日は何回めのって、それすら(私は)わかっていないんだけど。A病院(医師:3) 何回目か、わかんないですねA病院(SW:5) いいの病名なんて、アルコール依存症の人みたいでいいんで。(略)「借金病」でいい。B病院(医師:321) (貸し借りの友人との関わりを病院で制限してもどの道)どっかで会っちゃうかもしれないんだかど、しょうがないし、わかんないね。B病院(医師:418) (病院内で使用している治療予定の記した記録表をみて)そんなもん、あてにならないけどな。C病院(医師:494)
	「分からない」の共有で「分かり合える」	記録でしかご本人の様子がわからないのですが、あまりも患者さんが、穏やかというか。A病院(保健師:182) その前のことは記録でしか知らないの？じゃぁ、ちょうど良かったかもしれない。(笑)A病院(NS:198) 保健師さんが自分のやっていることで「これでいいのかな？」とお思いになったら、(医療関係者)招集してくだされ。A病院(医師:597) (在宅で患者をケアする人は)気が付き過ぎない人がいいんだけど。C病院(医師:501) (福祉担当へ)「胃液があがってくる」という訴えも、本当かどうか、わからなくて、本当に居たいのかなって思うんです。B病院(NS:558)
〈身体病に罹患すること〉	ADL低下を認める場合、家で好きにさせてあげたい	でもだんだんお箸とかね、持てなくなってきているんですよ。A病院(NS:362) もう自分で(着替え)をやらせて何になるという状況じゃないですか。もうよくなるとか、そういうあれではないような気がしてね。A病院(NS:389) (トンカツを食べれず、こぼしているのを見て)ちょっとつらいなと思いました。A病院(NS:406) 食事が貧困なんだよ(内科疾患だが)もう、旨いものを食わせてやってくれ。C病院(医師:494) (過去の精神科入院中のあなたは)強い体だったのにね〜(と天井を仰ぐ)C病院(医師:411)
	身体病は退院の交渉材料	胃液があがってくるので、胃カメラをやってもらいたいんですが、C病院(本人:25) 胃のほうの検査、もし、変な問題がなければ9月に退院とか。B病院(SW:265) (地域の病院に行って欲しいが、精神科にそんなに来たいなら)来てもいいけど安静にしていてくれよC病院(医師:383) 心臓は止まったようになるよ。C病院(本人:417) ――一同「え―！！！」C(全員:418) でもね、でもね。心配だからまた病院にも行って。お願い！C病院(医師:477)

表 13.　退院合意の根拠となった発言のカテゴリー

3.6.1 【慣れること】

　医師が、重要視したのは、患者が支援者と「慣れた関係」がどれ位できているかであった。10年以上前のスタッフとの再会を退院の好条件とし、在宅ケア担当は、現在の看護師似の人材を希望した。総合病院への受診も新規の内科医に慣れてからと指示している。無論、これは、ある程度までは、統合失調症患者の特性である「変化への弱さ」を含意している。しかし、このことは逆に、「慣れれば」退院できる、という文脈を構成する。つまり、地域の関係者との「慣れ」を作り上げることによって、病院側は退院への道筋をつけることができるのである。このため、患者は入院中に入院中にも地域の環境に「慣れる」為のさまざまな訓練を受けるのである。

3.6.2 【わからないこと】

　医師は、地域の支援者たちを前に、笑わせ、または驚かせ、または慌てさせるようなユーモア的態度で接していた（Goldberg 1989）。そして、「わかんないよ」「僕が忘れたんでしょう」「病名なんかどうでもいいんだ」「そんな「ケア計画表」なんて、あてにならないよ」等と発言している。言葉面だけでは、医師の無責任ともとられかねないこうした発言は何を意味するのだろうか。3事例とも5回以上再入院をしていることからもわかるように、精神科の退院というのはきわめて不確実である。

　「わからない」という医師が果たして何をしたかったのかと考えるとき、2つの意図が考えられる。ひとつは、成田が「自分と自分の周囲を舞台と化す能力、あるいは象徴と化す能力、これが精神療法家の大事な能力である」と述べるように治療空間の構築を意図したものである（成田2012）。地域支援者が、病院に入るという行為はある種、アウェイへの入場である。かつ、病院の権威の中に入る地域支援者は、病院が持つ同調圧力をある程度は覚悟して参加している。それ故、医師は関係者同士に「わからない」という前提があること共有していることで「分かり合える」と思えるのだ、という舞台をつくりだす。

　想定される病院の構造（権威）を医師が自ら壊すことで、病院と地域の共働の場を作り、参加者が生産的な議論ができるよう場作りをしている。「わからなさ」の言説は、問いかける、というスキルを使うことも可能になる。実際、この対話の後には3事例とも、会議後半から終了時には、初めの会議の沈滞した空気は失せ、どちらかといえば活気ある雰囲気であった。そして関係者は能動的に退院後の細かな打合せを始めていた。対話を医師がコントロールし成功した証であろう。

3.6.3　【身体病を病むこと】

　「身体病」を併発した場合の医師の反応は特徴的であった。どの医師も統合失調症の治療内容の説明はなかった。唯一あったとすれば、A病院の医師が都の医師に処方内容を形式的に報告するのみだった。B医師は、患者の借金問題の解決の為にアルコール患者と同じ指導をした。C医師は、転院の目的が高血圧や心臓疾患の治療であるのに、「旨いものを食べさえてやって欲しい」と患者へ家族の様なまなざしを向けた。一般内科の病名が追加されると、患者は放置できない患者になり、退院の機会を得る。医師らは、疾患の追加を機会にして、患者に不健康余命のレールを引いて、その中で自由に暮らしたり、人間関係を修正する機会を獲得しようとする意図がみられた。身体病の併発は、また、地域関係者に対しても、患者を地域へ受け入れさせる極めて有力な交渉材料となる。それは単に、患者にとっての身体的リスクが精神病院よりも地域での居住の方が小さいということだけではなく、地域にとっても、身体病をもつことが、医療機関とのつながりをより強く保つことができ、何かあった場合に医療機関を頼ることができるという安心感とも結びついている。

　ところが、グラハム・ソーニクロフトが、「精神疾患を持つ多くの人が、最も軽蔑されたと感じる一般病院の部署は救急治療室である」（ソーニクロフト　2012: 121）というように、精神疾患患者に対しては、一般診療科の医療関係者の間に強いネガティブなイメージが存在する。C病院の医師が、総合病院への受診交渉で苦労していた要因である。地域で暮らす患者が、地域の一般病院でなかなか受け入れられなければ、地域の支援者は結局精神病院にまた舞い戻らざるを得なくなる。したがって、一般診療科を説得して、患者を受け入れさせ、そこに患者を「慣れてもらう」ことは、退院後の療養生活を軌道に乗せるためには極めて重要な支援計画となるのである

3.7　考察　退院会議にかけられる時間は何を意味するのか

　本稿の分析データは、2003〜2004年時点のものである。それから精神科病院からの退院に関する国の制度は刻々と変化している。議論を進めるにあたり、ポイントのみ確認しておこう。

　精神障害者の退院支援は、2010年12月より「障害者制度改革推進本部等における検討

を踏まえて障害保健福祉施策を見直すまでの間において障害者等の地域生活を支援するための関係法律の整備に関する法律」（議員立法）が成立し、2012年4月からは障害福祉サービスまたは地域相談支援（精神障害者の地域移行・地域定着）を利用するすべての障害者と障害児通所支援を利用する障害児に対してサービス利用計画を立てケアマネジメント[22]をすることが決められた。地域移行支援計画の作成は、指定一般相談事業所の職員が関わり、地域相談支援のサービス利用計画は、相談支援専門員が作成する。ケアマネジメントとは、一言でいえば障害者の医療と地域生活を継続的に支える必要性から開発され発達したものである。個々のニーズを査定し、それに基づいて援助の計画をたてる。このサービス計画は支給決定前に市町村に提出され、決定参考資料として活用されることになった。加えて継続サービス利用支援としてモニタリングが導入された。

　また、病院内では、急性期治療の時期には「医療保護入院者退院支援委員会」が開催されるようになり、慢性期では「精神療養病棟入院料算定病棟」に入院になった場合は、「退院支援相談員」が退院支援を促進することとなった。精神病院の入院は、ほぼ1年以内と目標時間を呈示されるようにもなり、地域への追い出し会議が業務の柱になってきている。

　しかし、本稿で見たような会議は、精神科医療におけるこうした合理化と効率化の流れから見ればきわめて異例のものである。仮に成果主義を重視するビジネスマンがこの会議分析の結果を見れば「無駄が多い会議」または「出来レース」と思うだろう。しかし、一般的な成果主義の発想で「精神科チームの関係性」は評価されていない。例えば、一例をあげると副作用がかなり辛いにもかかわらず、主治医が出す薬を黙って飲むという行為を受け入れているA病院の患者の評価をどのようにすべきかは、医師—患者関係の個別的な文脈に大きく依存する[23]。A病院に参加した都医師が、合意形成場面で「それでも、お薬飲むこと、嫌がらないんですね」と話している。副作用があっても、薬を飲むというのは主治医への圧倒的な信頼があるからである。この心理的な因果関係は数字化できない。さ

---

[22] 2006年に施行された「障害者自立支援法」（現：障害者総合支援法）のなかでは、市町村をベースにした地域生活支援の仕組みに障害者ケアマネジメントが、制度化されている。

[23] 　原田は「わからないことの大切さの意味の内容がわからない医師は、勉強不足で読みに乏しい未熟な医師が起こすレベル」と評価する。そして、このレベルの医師に適応できるのは「シンプルな精神療法ですむか、無手勝流の治療に対抗できるつよさと堅さをかねた患者しか適応できない」という。本稿の分析で捉えた「わからなさ」の言説は、あくまで「社会学」の視点で捉えたものであり、臨床知の評価ではない。

らに病院の精神科医は「さまざまなスタッフの連携をとりながら慌ただしくも活気のある場で働く仕事」ともいわれている（村井 2015）。これは、いいかえれば活気のある場の空気を創るリーダーといってもよい。

　集団には、特有の性質がありリスク傾向か保守か、又は集団思考は安易に集団錯誤を生じさせる。マイナス集団では、個人の意見は言えず一律の圧力が生じていくのは周知のことである（亀田 1997）。つまり、リーダーとしての医師が、この仕組みを見抜き、肯定的な空気を生成することが出来れば、医療も地域も双方が問題を共有し、一定の安心感を得るという方向で進める。逆に考えれば、この空気作りの手間を惜しむ医師では、患者を退院に結びつけることは困難だということになる。したがって、退院時の会議に時間をかけることはそれなりの合理性があると言える。

　しかし、病院の経営効率上は合理的であるとはとても言えないのである。川渕は、医療経済学の立場から「精神科病院(療養病棟)では、ケアの投入時間が多いほど診療報酬は低くなる」というジレンマを指摘している（川渕 2008：39）。本稿の医師の取った行動は、投入時間で考えるときわめてコストパフォーマンスが悪い。通院・在宅精神療法は、30分以下か30分以上に分けられるが、5分を越えれば30分以下330点を算定できる。一方、本稿で扱った退院時指導はあれだけの労力を割いても320点である。世知辛い話であるが、野中は、集まった人材（医師を除く）を6人としてコストをだすと2400点は最低かかるという。この金額が単純に高いか低いかでは別として注目したいのは、この時間の流れ（シークエンス）を創る作業を2003年の病院側は、割引きできない行為として扱っていた事実である。

　2008年に診察時間に「5分ルール」が制定されたとき、多くの医師は「5分も患者と話せない」と抵抗したことは記憶に新しい[24]。ところが本稿で行った、地域移行の会議では診療報酬のルールを越え60分前後も話を重ねたのである。この理由は何だろう。

　第1に、医師が「わからない」と医療の限界を開示し、保健師個人の業務の話を聴くことは、アウェイの地域支援者の医療従事者との互いの価値を組み換え、患者を今後は地域をホームとして受け入れてもらうための必要な態度と時間だからである。病院経営者の立場からすれば、会議よりも「医師には1人でも外来患者の数をこなしこなして欲しい」と

---

[24] 5分ルール　2008年診療報酬改定で、精神科外来の再診に時間制が導入された。「5分未満」「5分以上30分以内」「30分以上」で医療費は変わる。この時間をめぐり現場は混乱した。この時間制は2010年に点数を69点で据え置きしてまたも廃止された。

言うだろう。しかし、経営者から「診療報酬にならない会議よりも外来を多く」といわれても、医師はこの会議の仕事を減らそうとしなかった。C病院の医師も外来で救急対応が発生し遅刻してしまったが、ものすごい速さで走り部屋に入ってきた。もし、経営に従順な医師であれば、患者は病院の固定資産として長期入院してしまうことがわかっているからである。こうして考えると本稿でとりあげた3病院の医師は、医療者としての倫理的態度を示していたといえる。つまり、精神科医師は、ひたすら患者を地域で見守るための環境作りにボランティアであろうとも、膨大な時間が費やすのである。退院時ケア会の内容からは、「慣れること」「わからないこと」「身体病を病むこと」が退院の条件として浮上した。またリーダーの医師はコストパフォーマンスを排した「未来を憂はず」「予測しすぎず」「計画しすぎない」の態度が見られた。

　現在の精神科病院の「機能分化」は進み、1年以内で退院させるようなケアマネジメントの力が、医療福祉保健従事者に求められている[25]。加えて、精神科治療も、DSMや治療ガイドライン、アウトカム評価の為の統計学、神経生物学、ＥＢＭ等、共有性のある知が若い医師には浸透している。この変化の中で、膨大なエネルギーを掛けてきたこの合議は縮小され、首尾よくケアマネジメントができるようになるのだろうか。また、社会の側に統合失調症患者の退院に対しての許容があれば「退院合議」にここまでエネルギーを注がなくても済むのでは、という疑問が生じる。患者が地域に戻った後は一体どうなるのか。これは本稿の後の課題である。

---

[25] 第4期障害福祉計画（平成27年〜29年）係る国の基本指針においては、1年以上の長期在院者数の減少等に係る成果目標を設定した。

第４章　統合失調症高齢者の行方

　地域に戻った後は一体どうなるのか。前課題を明らかにするため、前章で取り上げた３事例Ａ、Ｂ、Ｃ氏に対して追跡調査を行ったのでそれを報告する。調査の結果、３事例Ａ、Ｂ、Ｃ氏とも地域へ退院後に死亡していたことが確認された。さらに死亡要因は、自死なのか、身体疾患なのか、事故なのか検討されたが、決定打となるものはないまま迷宮入りとなっていた。これでは、病院から地域へ患者を送り出した際の相互に堅密に連絡をとりあい、情報を交換するという合議が反映されているとはいいがたい。「これから、病院＆地域の連携をしていきましょう」と交わした合議はただの儀式だったのだろうか。何より、３氏の関係者たちがまるでその患者が地域に不在であったかのようにふるまうことに筆者は着目した。それは、「亡くなったらしい・・ですね。知りません」という言説である。この支援者らの共通に見られた否認の要因は何なのだろう。本章では、まず、先行研究を手掛かりとして高齢の統合失調症患者の一般的特性と退院後の彼らの一般的状況について整理した後、前章で扱った３事例に関与する支援者からの聞き取り結果を考察したい。

4.1　高齢統合失調患者の特性

　現在主流の生物医学精神医学の考えでは、幻聴の「原因」である脳神経回路の生化学的変化を突き止め、薬物治療によって「治療」することが EBM に基づく医学形態であるとされている。しかし寛解期では、陰性症状（無為・自閉等）が主となる。特に、高齢統合失調症患者への治療方針は、Bio-Psycho-Social モデルで捉える立場に重心が置かれる。Bio-Psycho-Social モデルは、エンゲルによって体系化されたとされるが、原点はマイヤー（Meyer 1948）の思想である。マイヤーは、精神障害者を、疾患、生活歴、教育を含め、その人の身体心理・社会的観点から１人の人間として捉えた。昨今では、患者の置かれたコンテクスト、（人間）関係プロセスを Resilience（復権）とする観点も注目されてきている。そこで、まず退院後の高齢統合失調症患者の寛解期の課題を整理しておこう。

　統合失調症患者の回復期の精神症状は、軽快し寛解することは以前から周知のことであり、それは晩期寛解と称されてきた。しかし、身体面では深刻なリスクを抱えている。「Life shortening disease」(寿命を短くする病気としての統合失調症)というタイトルの論文がある

(Allebeck 1989)。この論文によれば、がんや生活習慣病になった時に、適切な治療ができていないことが短命の理由であるという。平均寿命は、一般人口よりも 20〜30%程度短くなる[26]。総死亡リスクも 2.58〜4.45 倍ときわめて高い、という報告もある(Saha & Chant 2007, Kiviniemi & Suvisaari 2010)。統合失調症に罹患したことによる超過死亡は、自殺よりも病死のほうが大きく寄与している(Brown & Kim 2010)。さらにまた、服薬中断による死のリスクの報告もある。テホーネンらは、フィンランドで 1995 年から 2001 年にかけて 2230 例の精神科病院に初回入院した人を追跡したところ、服薬中断による自殺が多発していたことを報告している(Tiihonen & Lonnnqvist 2009)。一方、マッティクマらは、服薬を継続したとしても抗精神病薬が 1 種類増えるごとに死亡の危険率が 2.5 倍に増えるという調査結果を報告している(Joukamaa & Haliovaara 2006)。

わが国では、菊池が行った「統合失調症の生命予後」の調査がある。入院中の 21 名の統合失調症の患者を 5 年後に追跡確認したところ、男性では 40 歳代までは死亡率が一般人口と差はないが、50〜54 歳は一般人口の 70 歳代、55〜59 歳は 80 歳前後、60 歳〜64 歳は 80 歳半ば、70 歳〜74 歳は 90 歳前後に相当する死亡率だった(菊池 2013)。この死亡率だけで見ると統合失調症患者は、一般人より 20 年老化が進んでいることになる。

こうして見ると退院後の統合失調症患者は、身体疾患を合併し、かつ抗精神病薬による死のリスクを抱える虚弱な患者像と評価してもよいだろう。

他方では、精神疾患そのものについては、高齢化により軽快すると言われる。ブロイラーが 208 例の統合失調症患者の心理状態を 20 年にわたり調査し、47 例の晩期軽快の症例を報告している。その心理的メカニズムとして、老人の叡智、あきらめ、寄る辺なさなどの老年期心性が特徴的であったという(Bleuler 1972)。永田も、統合失調症患者が、高齢になると若年期にはない「雑談」ができるようになることを発見している。彼らは「自分が精神病院で死亡したら身内の者の世間体が悪かろう。自分の骨壺はどうなるのか?」とごく普通に語りだすという。晩期寛解患者は、一般健常老人の持つ心理的傾向と接近している(永田 1984)。村上も「退院後の統合失調症患者の心理面は日常性へ帰還し安定してくる」と述べている(村上 2011)。つまり、高齢の統合失調症患者は、きわめて脆弱な患者であるが、精神病床で一日中ケアすべき重篤な精神疾患患者ではないのである。

しかし、退院後の高齢統合失調症患者にとっては、安心して生活できる社会環境が極め

---

[26] この Morality Gap をもたらす要因心臓突然死である可能性が高いといわれる。また、脱施設化の影響、一般疾患への対応の不十分さ、ライフスタイル、薬物の影響などのから検討されている。

て重要である。彼らをとりまく社会的課題とは、一言でいえばソーシャルネットワークの質による。コーヘンらは、ニューヨークに住む 55 歳以上の 198 人の予後を調査した。その結果 50％が良好な結果を示した。良好な者は、生活能力が高く、地域サービスを有効活用していた。これは、社会的ネットワークによって、統合失調症患者の予後が左右されることを示唆している（Cohen & Vahia 2008）。

次にわが国の精神障害者の地域移行の実績を概観しておこう。

4.2　地域における統合失調症患者

　わが国の精神障害者は、2011 年の患者調査(精神・障害保健課 630 調査)によれば、推計約 320 万人である。その内、推計患者の疾患別内訳は、統合失調症は 71 万 3000 人である。そのうち、外来患者の統合失調症患者は、53 万 9,000 人である。また、精神科病院からの退院者は、月 32,006 人だが新規入院者も月 33,049 人である。病院からの退院者の状況は、入院期間 1 年未満の家庭復帰率は 71.4％と高いが、入院期間が 1 年以上になると転院・院内転科または死亡が 54.8％になり、入院期間が 5 年以上になるとその比率は、76.2％にまでのぼる。(中央社会保険協議会総会資料　第 261　資料　2013)。

　そして退院後の精神障害者の多様な状態像は、5 パターンあるといわれいる。

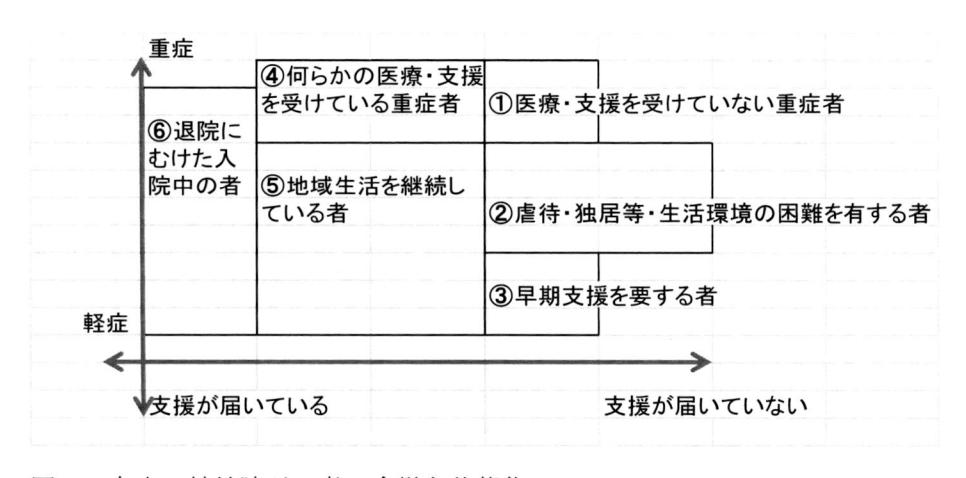

図 8　　在宅の精神障がい者の多様な状態像

「新たな地域精神保健医療体制の構築に向けた検討チーム」第 3 回　資料を参考に作成

厚生労働省社会・援護局　障害保健福祉部精神・障害保健課、2010.6.10

① 医療・支援を受けていない重症者

　・未治療や治療を中断した重症者。家族、近隣との重大なトラブルを起している者。

　・自傷・自殺企図や他害行為が想定される者

　・食事など自らの生命の維持に必要な行為に支障をきたす者

② 虐待・独居・生活環境の困難を有する者

　・精神疾患を有しており、家族等からの虐待を受けている者や、家族からの支援が得難く、医療や支援を受けていない者

③ 早期支援を要する者

　・統合失調症等の精神疾患を初めて発症した者

　・様々な精神的不調を訴え、精神疾患が疑われる者

④ 　何らかの医療・支援を受けている重症者

　・精神疾患や障害が重度あるが、治療等の支援につながっており、医療・福祉サービスを受けて在宅生活を希望する者（入院を繰り返す者も含む）

⑤ 地域生活を継続している者（①〜④以外）

　・症状が比較的落ち着いていて、医療や障害福祉サービスなどを自ら利用しながら地域生活を継続している者

本稿の対象を上記の 5 パターンの在宅精神障がい者像であてはめると⑤にあたる。

障害福祉サービス利用状況

　2013 年 4 月からは、①〜⑤の精神障害者に向けて、障害者総合支援法において地域で自立した生活を送る為のサービスを利用することになった。原則自己負担は 1 割である。主なサービスとしては「ホームヘルプ（居宅介護)」「就労継続支援」「就労移行支援」「ショートステイ（短期入所)」「グループホーム（共同生活援助)」「自立訓練（機能訓練・生活訓練)」などがある。下記の「精神障害者の障害福祉サービスの利用状況をみると、何らかのサービスとコンタクトを取っている人は、17.6 万人である(表 14)。2013 年度の在宅の精

神障害者の総数は 287 万人と推計されているので、利用者は申請可能な集団の６％程度と言える。

表 14）精神障害者の障害福祉サービスの利用状況

サービス種類	総数	精神障害者
居宅介護	144,984	44,312
重度訪問介護	9,606	40
行動援護	7,516	41
重度障害者等包括支援	38	0
同行援護	21,014	34
療養介護	19,333	6
生活介護	251,014	4,251
短所入所	37,875	1,117
共同生活介護	59,170	8,593
施設入所支援	133,362	757
共同生活援助	27,437	13,512
自立訓練(機能訓練)	2,626	34
自立訓練(生活訓練)	12,899	7,470
宿泊型自立訓練	4,240	2,793
就労移行支援	27,045	10,834
就労移行支援(養成施設)	199	0
就労継続支援A	33,213	12,543
就労継続支援B	175,352	53,571
計	967,187	159,908
計画相談支援	43,004	14,707
地域移行支援	511	427
地域定着支援	1,567	806
相談支援を含む計	1,012,269	175,848

「精神障害者に対する医療の提供を確保するための指針等に関する検討会」第６回　資料より

厚生労働省社会・援護局　障害保健福祉部精神・障害保健課、2013.10.17

服薬中断の状況

　ＮＰＯ法人「地域精神保健福祉機構」（通称コンボ）が 2010 年に行った統合失調症患者 710 人に行った調査によると患者の半数が服薬を自己判断で中断し、またその患者の約 8 割が再発していた（コンボ 2010）。つまり、退院後の患者の医療ケアは十分とは言えない状況である。

地域移行に関する制度利用の地域差

　精神障害者地域移行支援特別対策事業は、2003 年度から 2005 度まではモデル事業、2006 年度〜2007 年度までは、精神障害者退院促進支援事業として実施されていた。この制度に関しては地域差も非常に大きい。古屋は、2009 年に 47 都道府県及び 18 政令都市の障害福祉担当者を対象にした制度運用に関するアンケート調査を行い、退院支援の制度利用について概略以下のように指摘している（古屋 2010）。

　精神障害者地域移行支援特別対策事業の 2009 年度末の実績では 2021 人の入院患者が対象になり、745 人が退院した。地域格差は非常に大きく退院数が 0 人の秋田、群馬、鹿児島、から 50 人以上の長野、三重県、北海道、東京までかなりの差がある。各都道府県の予算額は、北海道の 2 億 390 万円から、鹿児島の 98 万 7 千円まである。平均は 2,334 万円であるが、その平均を超える都道府県は上位 4 分の 1 （12 都道府県）に過ぎない。厚生労働省が要綱を示しているものの具体的な手順書のガイドラインはなく、都道府県により要綱の内容は様々であったこと、圏域内の医療法人に事業が丸投げされていたり、家族の同意が得られていることが前提となっていたり、支援員が無償のボランティアと位置づけられている自治体もあった。

　また、2012 年度から実施されている障害者の地域への移行や定着のための地域移行支援事業[27]についても、精神障害者の利用者数は全国で月間 400 人（移行支援）、800 人（定着支援）程度であり、しかも地域による偏りが大きく、移行支援では、例えば 2013 年 10 月時点で、都道府県により 0 から 90 人まで、定着支援では 0 から 416 人まで幅がある。分布は必ずしも人口の分布と相関せず、岡山や島根や新潟のように人口は多くないが突出して利用者の多い地域と、神奈川や京都のように人口は多いが利用者はほとんどないという地域が混在する。

---

[27] 「地域移行支援」とは、直近の入院期間が 1 年以上で精神科病院に入院している精神障害のある患者が対象である。ただし、直近の入院期間が 1 年未満であっても、措置入院者や医療保護入院者で住居の確保などの支援を必要とする方や、地域移行支援を行わなければ入院の長期化が見込まれる方も対象となる。「地域定着支援」とは、単身等で生活する障害のある方に対し、常に連絡がとれる体制を確保し、緊急に支援が必要な事態が生じた際に、緊急訪問や相談などの必要な支援を行う。精神科病院から退所または退院した方や地域生活が不安定な方などに、「見守り」としての支援を行うことで、障害のある方の地域生活の継続をめざすものである。

　以上の状況を見れば、退院後の患者の支援は容易ではないことは、また支援体制も地域により大きく異なり、サービスを最も必要な人にサービスが届いていないことが推測される。この現状を踏まえた上で、本稿での追跡調査の事例を見ていくことにしよう。

4.3　事例のその後

　以下は、退院時ケア会議の調査を行った病院と地域の関係者に対して、会議の対象となった患者の退院後の状況について、筆者が 2013 年に聞き取り調査を行った結果である。退院時ケア会議は 2003〜2004 年に行われているので、いずれのケースも、分析した会議の結果退院してから 9 年が経過している。関係者の記憶や個人情報へのアクセスの関係で、退院後の患者の状況については、情報の不足が多く存在する。上記の「地域生活支援を要する多様な状態像」では 3 人の方とも、家族と疎遠の独居であるため②の類型だろう。

　調査に関しては、2003 年〜2004 年に行った調査の追跡調査として承諾されて行った。尚、ご本人の許可を受けるべきであるが残念ながら亡くなられており、ご家族の連絡先もわかららず追跡調査の承諾は得られなかった。この様な事由により、下記の事例は分析に影響しない箇所は、個人が特定されないように一部創作事例に変更している。この点について留意の上で、以下にそれぞれの事例について概要を示す。

4.3.1　Ａ病院の事例追跡調査：その後のＡ氏

　Ａ氏は、Ａ病院退院時ケア会議の後 2004 年に退院となったが、その後の 2 年間は入退院をくり返している。また、退院時指導で計画された地域生活支援センターにはほとんど通わなかった。その代わりほぼ毎日、病院デイケアに来て外来ソファーに漫然と居ることが多かった。2006 年には、主治医が交代し、その後主治医の交代は頻繁に行われた。2008 年、Ａ氏の通院先病院は組織改革があり、Ａ氏の入院していた療養型病棟は閉鎖している。病院の開放病棟数は 45% から 19% となり、患者自治会メンバーが集う空間、デイケアで行われる芸術的イベントは廃止された。社会復帰プログラムの責任者は作業療法士から看護師に変わり「短期間教育プログラム」が強化されていた。その理由からＡ氏には、病院で参加できるプログラムがなくなっていた。また、何度か体調を壊して自分で救急車を呼び入院するも、診療報酬の縛りから、3 ケ月での退院となっている。担当ワーカーの話によると、最後の入院中に、「自分が死んだらどうなるのだろうか、静岡に居る妹は来てくれるだろうか、位牌はどうなるのだろうか」と看護師に尋ねたという。その後、2010 年 1 月に

退院した数日後に自宅にて死亡したという。病院関係者は、A氏の死亡理由の詳細は把握しておらず、「窒息死であったのでは」という曖昧な話であった。A氏が亡くなって3ケ月後に静岡から妹がA氏の私物を受け取りにきていた。妹が病院に来たのはこれが初めてで最後である。そして、妹は病院に関して深々と御礼を述べて帰って行ったという。

　A氏への支援体制はというと、2003年時に「地域と病院が密に情報を共有していく」という計画が立てられたが、病棟再編、保健師異動などもあり、事実上は展開していなかった。それからカルテの形態の変化もある。それからカルテの形態の変化もある。10年前は、A.B.C病院は病棟カルテと相談室記録は別々だった。2013年には、電子カルテ上での支援の情報共有をする形態になっていた。以前の、相談室では、相談室で得た情報で医師に見せられないと判断した内容は、相談室記録（ケース記録）（現在では、パスワードで職域の情報管理するところもあった）に記載されていたので担当PSWは患者の動向についての細かな記憶が鮮明であった。しかし、電子カルテで情報が一括管理されるようになり、インフォーマルな情報が少なくなった為かコメディカルの記憶が曖昧になっていた。また2003年の、会議の中でA氏の副作用による全身機能低下は指摘されていたが、誤嚥予防の取り組みはなされていなかった[28]。また、A病院の担当医師は認知症病棟担当医長になっていた。このたび、担当医に再インタビューをしたところ、A氏に関してこう語った。

　　今、僕は事務的な書類作成に追われているので、昔のようなあんなこと（地域を含めた
　　チームをまとめ退院指導するなど）はできない。Aさんが良かったから、チームが良か
　　ったから、Aさんは退院できたと思う。結局「餅をつまらせたらしい？」よね。それは
　　残念だったけれどね。（A氏の元主治医）

　主治医は管理職になったからなのか、現場をまとめ、チームを引っ張っていく余裕がなくなっていた。またA氏が信頼を寄せていたプライマリーNSは、他院に転職しており関わりは途切れていた。A氏が通う予定であった地域活動支援センターの担当者は、すでに定年になっていた。後任者は、こう語った。

　　1、2回そんな話を聞いたことはありますが,まったく記憶にありません。担当が定年に

---

[28] 精神科治療薬のリスクとして誤嚥がある。精神疾患の人への身体管理の必要性がらかになってきている。2013年度かかから日本精神病院協会では、精神科医のための身体合併症講習会を企画している。

なっているし。ここも居場所の機能ではやっていけない時代です。A さんは、それを察して居づらかったのかもしれません。（地域活動支援センター　相談員）

　A 氏の通所先の職員は、組織の方向性の変化を話題にしている。さらに、この病院と連携をしていた訪問看護ステーションの所長は、次のように紙面で回答してくれた。

　退院に関しての地域との連携についてですが、あくまで私個人の意見ですが、「密になった」という印象はまったくないです。むしろ、退院のさせ方や地域生活についての査定が「雑になる一方」と感じています。「病院での治療は終わったから退院」「病院内では何も問題がないから退院」という論理がわからないわけではないのですが、実際に地域での生活が成り立たない状態で退院となる患者さんが多いです。その理由としては、病院の経営上のしばりが厳しくなったこともあり、また、（A 氏の通院病院に関しては）精神保健福祉士の質が落ちた（申し訳ないですが）ことが原因かな、とも思います。無体な医師や病棟の要求に対して、「それはムズカシイです」etc とまともな意見を言える精神保健福祉士がいなくなったことが大きいなと、日々感じています。また、地域の側の立場で言えば、病院との連携が重要なのはわかってはいても、何かあるといちいち「カンファレンスをします」などと病院に呼び出されるのは、非常に時間・人員ともにキツイ話です。訪問看護で言えば、退院前に 1 回のみ、退院時共同指導（600 点）がつけられますが、他はすべて no pay なので、そうそう連携もしていられない、ということになってしまいます。簡単に言えば、<u>良心的に動きたいけどすべてタダ働き</u>、という今のシステムを変えない限り、地域からの連携強化は望めない、ということだと思います。うちの事業所に関して言えば、開業より 5 年半、病院から「してやられない」ためにあらゆるシステムの整備に努めたおかげで、何とか動けてはいます。しかし、考えれば、新規受け入れのために「情報シート」をもらい、患者さんが入院すれば「訪問サマリー」を送り、入院から 2 ケ月経過したら様子うかがいの電話をし、退院したら必ず「看護サマリー」をもらい・・・etc、その労力はかなりのものです。「訪問看護に連絡忘れたらタイヘン」と言われるぐらい、病院に煙たがられているおかげで、何とか忘れられずにいる感じです。（訪問看護ステーション所長）

この内容を見ると、訪問看護の対象者の名前が 1 度も登場していないことがわかる。間接

的な報酬システムの問題や精神保健福祉士の力量の問題に焦点が当たっていることがわかる。連携については「雑になった」という諦観の姿勢が窺える。次に事例 B について報告しよう。

4.3.2　B病院の事例追跡調査：その後の B 氏

　B 氏は、病院デイケアと地域の通所施設に行くことが条件で退院となったが、退院直後から、施設に通わなくなっていた。2004 年時に地域施設の職員は何度も「来てください」と説得したそうだが「もう、来ない！」と言うばかりであったという。地域の職員は支援のネットワークが切れることを危惧したが、本人は「病院には行く」と言い残し去って行ったという。B 氏の通っていた病院でも、この 10 年で 200 床の病床を削減していた。そのため、B 氏は、これまでのように寂しさによる再入院は許されなくなった。また、病院デイケアでも他メンバーと口論になり、殴られた勢いで家に帰ってしまったという。その後、詳細な原因はわからないが病院も行かなくなり、行方不明になっていたとのことだった。そしてある日、自宅の階段から転落し死亡した。死亡の年月が不明であるが、56 歳であった。転落なのか、自死による転落なのかは曖昧なままである。かつての B 氏の担当ソーシャルワーカーは、法人内の違う部署へ異動になっており、話を聞くことはできなかった。が、この事例を引き継いでいたソーシャルワーカーはこう述べていた。

　　　当時の B さんは、金銭トラブルが他患者様とあり、当院とも友好ではなくなり、他院にご通院されていたことですので亡くなった経緯、詳細はわかりかねます。「階段から落ちたらしい」というのは、なんとなく福祉から聞いています。（B 氏の通っていた病院の精神保健福祉士）

　B さんを地域でアルコール依存者のようにグループで支える予定であった通所施設の相談員は、こう述べた。

　　　ここに来てください、と何度も話をしたんですが。病院には行くとおっしゃっていましたし亡くなったんですよね？。理由はご存知ですか？（B 氏の通所先の支援者）

　生活保護担当の生活費の指導を強化すること、通所施設で自分の問題を開示してアルコ

ールのセルフヘルプグループのような支援をするという計画はまったくできていなかった。逆に対人関係のトラブルがあり支援は切れてしまっていた。

4.3.3　C病院の事例追跡調査：その後のC氏

2004年時のカンファレンスでは、一般病院へ治療継続を依頼したが、本人が強固に拒否していたという。しかしC氏の病状は悪化し透析が必要なまでに低下してしまった。そうなって初めて一般病院への転院が決まった。しかし、一般病院への転院後も課題が出てきた。それは、一般病棟の職員から「やはり精神科の患者さんは難しい。他の人に迷惑がかかる」とクレームが入り、ほぼ強制的に精神科病院に戻ってきていたのである。しかし、透析治療は必須なので、精神科病院の医師と精神保健福祉士がこの一般病院への通院を車で行うという濃厚な支援が長く続いたという。しかし、1人の患者にこれほどの時間的拘束をかけることは費用対効果の面でも限界になってしまった。精神保健福祉士の話によれば、遠方で死亡率が高い（と評判の）病院に仕方なく転院していただくことにしたという。転院後は、前の病院で見られたクレームはなかったがC氏はまもなく死亡したという。C氏についても死亡の年月は不明である。この担当精神保健福祉士は、次のように述べた。

> 昔は患者さんへ、私たちは、できることは誰でも何でもやれました。<u>彼に対しては、残念ですが、やることはやったと思います。</u>私は、医師と在宅中も入院中も彼を一般病院に送り迎えをしました。本当に必死でした。今はああいう関わりはできませんね。今の精神保健福祉士は、急性期病棟に配置されたら、自由に動けませんからね。「再度転院をお願いした病院で・・<u>すぐ亡くなったらしい</u>」ので、なんとも辛い部分ありますが。（C氏の担当の精神保健福祉士）

　身体的に衰えたC氏の地域への移行は、精神病院と一般病院の病院間に横たわる事情が、生死の線引きに少なからずとも影響したと示唆される。

　さて、以上のインタビューを受けた専門家たちに共通していたのは、対象者の死に関し「餅をつまらせたらしい」「階段から落ちたらしい」「透析をした病院で亡くなったらしい」という確信が持てない返答であった。「暴かない」という裏面コミュニケーションが共通の反応であった。

4.4 考察 統合失調症の障害者は、もっと自宅で死を迎えるべきか

まず、3事例の追跡調査をケアマネージメントの終結期のサマリーで事実確認を行っておこう。支援の終結期の評価は「何がなされて何が対処できない課題であったか」が確認されることが一般的である。そこで、サマーズが提唱した終結期のサマリーを参考に経過を表にした(表15)(Summers 2009)。

	支援目標 2003	サービス提供	退院前の本人の感想
A	地域活動支援センターに通いながら、新しい人との関わりを獲得する	地域活動支援センター	1人暮らしは寂しい
B	保護費をケースワーカーの指導の下でやりくりし、借金返済する	作業所	人に奢らないと殴られる
C	自宅近くの総合病院に転院して心臓、糖尿病の管理をする	デイケア 訪問看護	身体は心配ないが退院したくない

↓

	支援達成度 2013	サービス提供	課題
A	センターの利用はほとんどなく、新しい人との関わりも獲得できず。在宅死	病院外来ソファ	地域連携の解体
B	通所先、通院病院と切れ、行方知れず。アパート階段で不慮の死	支援が切れる	未治療
C	一般病院からクレームがあり、精神科再入院。その後病院に転病院し、すぐ死亡	医師・SW送り迎え	一般医療と精神科医療の差別

表15 3事例の追跡調査から得られる各事例の終結期サマリー

事例 A では、退院時には、地域活動支援センターへの通院が計画されたが、実際には、病院のデイケアに戻ることになった。また退院時にADLの低下が予想されていたが、在宅での嚥下障害への予防的介入がなされていなかった。

事例 B では、生活保護費を担当ケースワーカーが生活指導するよう退院時に確認がなされたが、平素の友人関係でトラブルが勃発しクライエントは自暴自棄になってしまい、不慮の事故による死亡となった。友人関係でのトラブルから、医療・保健・福祉の支援を拒否した後のB氏への関わりは滞っていた。

事例 C は、精神科のPSW（精神科ソーシャルワーカー）から総合病院のMSW（医療ソーシャルワーカー）へ転院調整依頼がなされたものの、一般病院病棟の現場職員からの拒否に逢ってしまった。同病棟の他患者からの苦情が病棟にあったのかもしれない。その対処は、C氏を元の精神科病院へ再入院させるという方針となっただけであった。

この経過を見ると、あれほど濃厚な退院ケア会議を開催したにもかかわらず、地域のケアサービスに繋がっていなかったことがわかる。3事例とも、退院後は死に導かれた。偶然

かもしれないが、はたして統合失調症者は、もっと自宅で死を迎えるべきなのだろうかという問いが生じてしまう。

　ここで、先に述べた「死」の事実をもう一度確認しよう。毎年精神科病院内で 2 万人が亡くなっており、在宅に帰った統合失調症者にも 31% の人に希死念慮があるという数字である。希死念慮は、2012 年に全国に位置する 15 施設に通う 409 人の統合失調症患者への調査である（堤 2012）。この調査によると、70% が将来に不安に思い、5% は死にたいと「いつも思う」と回答し、26% は「時々思う」を回答している。つまり、仮にこの 3 事例の方が入院を継続していても死に導かれていた可能性がある。統合失調症者にとっては、入院も退院もどちらも死のリスクは高い。となると、2004 年の退院への会議は「最後は家に帰してあげたい」という支援者の家父長的な意識が働いたのかもしれない。しかし、支援者共通に見られた詳細を知らないという否認の語りはどう説明がつくのか。真鍋は、「行方不明者」は余程の事件性がない限り、警察は「迷宮入り」にしていくこと指摘し「政治的・社会的ネグレクト」と呼んでいる（真鍋 2008）。本稿の支援者らの共通に見られた否認は、この「行方不明」としての対処に近かったのではないだろうか。家族がいれば「失踪届」が出され、行政は動くが単身の「行方不明者」では、「迷宮入り」となるからである。

　わが国の福祉制度面でも「迷宮入り」になるポイントがある。例へば、50 代以降は 2014 年から区分 2 以上でなければ生活介護事業は利用できない、介護保険への変更時には利用料がかかるようになり、必要な居宅介護の時間を減らさざるをえない、通いなれた施設を介護保険デイケアに変更しなければならなくなる等の試練が当事者に降りかかる。さらに、縦割り行政による支援者の異動により、「迷宮入り」事例になっていくのではないだろうか。今回、支援者に見られた「知りません・・」というある種の「暴かない語り」は対象者を社会の中で静かに葬っていることの証ではないだろうか。

　冒頭にふれたいわゆる「回転ドア現象」についてもここで考察しておきたい。さて、A病院の退院事例の男性については入退院の経過を医療相談室長 A 氏から聴収することができた。表 16 で概観してみよう。

A 氏年齢	
5 1	ケアプランで予定された地域活動支援センターに通わず
5 2	長年担当だった看護師が退職　主治医交代
5 3	病院の外来で無為に過ごしている　主治医交代
5 4	院内で行われていた文化祭、患者会縮小で居場所が減る　主治医交代
5 5	療養型病棟閉鎖のため、急性期病棟へ入院　主治医交代
5 6	病棟で「自分の位牌はどうなるのか？」と相談があるが、急性期病棟のため看護師は対応できず
	自宅でお餅をつまらせて死亡

表 16　A事例の退院後の入退院状況

　50 才の時に本稿の退院時ケア会議で退院を果たした以降は、病院の医療経済の事情と思われるが、3 ケ月期限の入退院を 13 回繰り返し、その度に新しい主治医が担当していた。そして、最後の入院時には「自分が死んだら永代供養代はどうなるのか」と病棟で質問されたが、病棟はそれに応対することはなく短期で退院となり 56 才の時に自宅で亡くなった[29]。在宅には、なぜか隠し財産の 200 万と金の述べ棒が発見され（国庫に入っただろう）、その後、妹が荷物を引き取りにきた。この病歴・生活歴をみると発病から回復までの全経過を責任もって見る精神科医がいなくなったことが見てとれる。また星野は、「精神医療の質が落ちた」と述べ、その理由を次のように述べている。

　　精神医療が横断面の治療になり、3 ケ月で退院させられることになったこともしかりである。漫然とした長期入院は減っても、皆回復途中の「生乾き」の状態で退院や転院をするが、それをサポートするシステムがあっても、多くは外来 OT（作業療法）や作業所が生活のコースとなり、病状が増悪しても 3 ケ月をやりくりして持たせると新患者扱い

---

[29]中井は、「重症の床にある多くの分裂病患者が死を迎えること帰するがごとき崇高を感じさせ世を去るのは、医師の多くが経験するところである」と述べ、医師らは、苦しみからの解放をいうように患者にまなざしを向けている、という。統合失調症の予後不良因子は、＜男性、独身、社会的孤立、緩徐、若年発症、陰性症状、感情平坦化　感情鈍麻、物質乱用、低い I Q、家族歴（統合失調症）＞である。

になり、高い医療費で再入院させることができる、これが我国の統合失調症治療の理想的モデルのひとつさえなっている（星野 2013）。

　現在の入院期間短期化は、患者のためではなく医療経済学の事情である。今後も、回復途中の「生乾き」の状態で退院や転院が増加することが推測される。「精神保健福祉資料」（630調査厚生労働省社会・援護局障害保健福祉部精神・障害保健課）によれば、ここ数年の医療保護入院者数は、増加傾向である。地域で、再入院時の統合失調症患者の家庭医を務める医師の役割が重くなるだろう。次章では、地域の診療所医師が精神障がい者を診ていくことをどう捉えているのかを確認していこう。

第5章　地域精神医療と診療所医師

　本章では精神科診療所医師がどのような地域においてどのような「かかりつけ医」機能を果たしているのか、について考察する。

　統合失調症の予後については、米国精神医学会（APA）統合失調症ガイドラインにおいて「生涯にわたって包括的で継続的な治療を必要とする慢性的な状態」と要約がされている。これは、この病が予後不良という意味ではなく、安定期こそ再燃予防が必要と説いている。

　一見、自然治癒しているように見える慢性期の統合失調症は、病状の増悪、自殺、身体疾患の罹患などが生じる。つまり、慢性期治療を担う医師は、多岐に渡る治療責任を負っている。「経験豊富な医師であれ誰でも慢性期治療が通常考えられている以上に難しいことは知るところである」といわれる（広沢 2012）。また、近年の診療所の隆盛は、診療圏内での患者獲得競争を生んでいる。さらに「セカンドオピニオン」等のサービス要請も高くなっている（佐藤 2006）。

　本稿では、この診療所のマーケット課題には一定の距離を置き地域の家庭医がどのように外来患者を把握しているのか、その治療観の語りを分析する。なぜなら、前章までで明らかになったように統合失調症患者の退院の問題は、もはや看取りの課題まで含んでいるからである。患者が、「この医師でよかった」と思うか「この医師でなければもっと生きられた」と思うかは極めて個別性の高い問題であるからである。地域精神科医療を理論的に発展させたカプランは予防精神医学を提唱したが、重要なこととして精神科医の地域責任性をあげている（Caplan1974）。在宅での慢性期治療では医師の「治るということについての治療観」が、「かかりつけ医」の役割遂行に作用することは明らかであるが、それを分析した先行研究は精神科においては見当たらなかった。

　本章では、精神科病院を辞め、地域で開業医となった医師が自らの患者との関係性をどのように語るのかを素材にして分析を行うことにする。

5.1　精神科診療所の置かれている条件

　本章のインタビュイーの職業的位置づけを理解するために、精神科診療所の置かれた社

会経済的状況や課題について以下に概要をまとめる。

診療所数の推移

　2010年に実施された、日本精神診療所協会会員基礎調査報告書より、医師の置かれている条件を紹介しよう(柴藤 2011)。基本的な診療所数と病床の推移は、精神科病床は 1990 年をピークに1割減少しているがほぼ変化はない。他方、無床の精神科診療所は、顕著に増加している（図9）。これを見れば、精神科診療所が地域の重要な資源として機能することが求められていることは明らかである。

　精神科診療所の隆盛の背景には、この 30 年の間に統合失調症の病態から、激しい妄想や行動上の問題など目立つ症状が減ったことにある。これには、ＤＵＰ短縮[30]や非定型抗精神薬の普及などが関与しているだろうが、初発の病態そのものが穏やかになっているという見解がある（鈴木 2010, 土屋 2013, 松本 2009）。

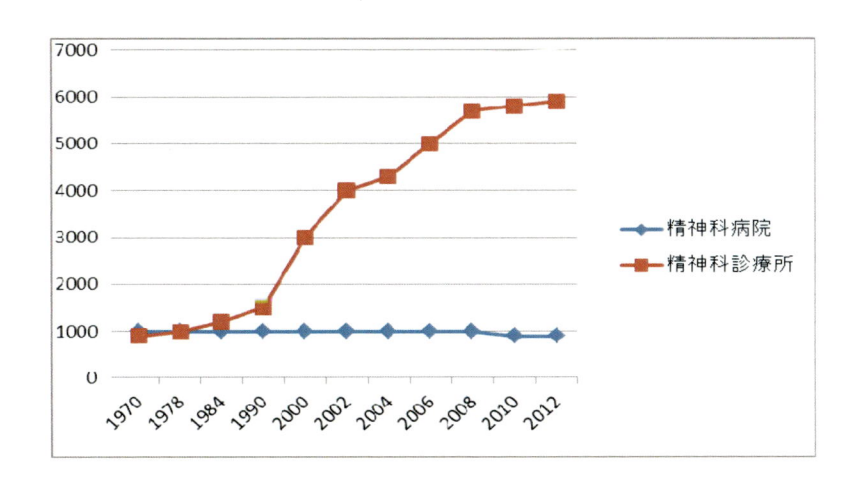

図9　病院と診療所の推移

「精神科医療の機能分化と質の向上等に関する検討会」第1回「医療施設調査」資料より作成

厚生労働省　2010.3.23

医師数の年次推移

　精神科診療所の隆盛と共に医師数も顕著に増加している(図 10)。病院と診療所を比較するとほぼ2倍の差で診療所医師数の増加がみられる。

---

[30]ＤＵＰ短縮　精神病未治療期間（Duration of Untreated Psychosis）治療介入の遅れによる弊害の論。発症から受診までの時間をＤＵＰとよぶ

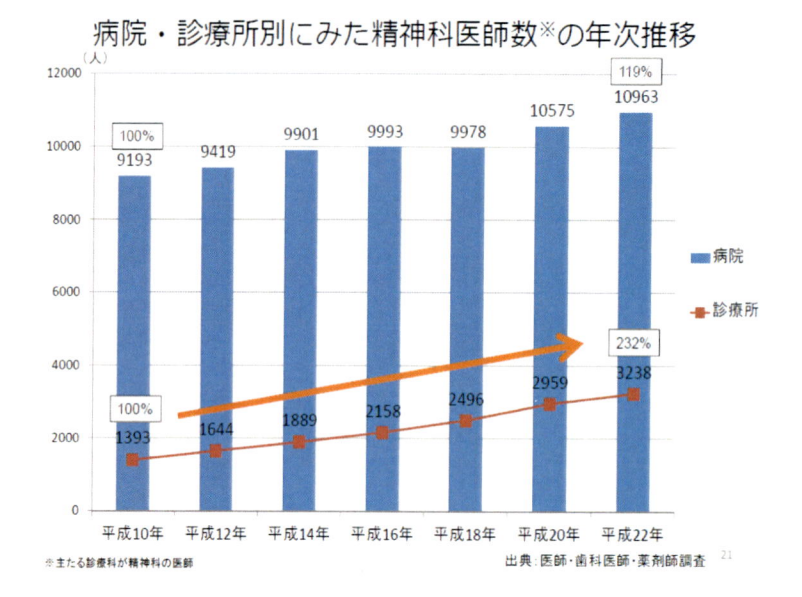

病院・診療所別にみた精神科医師数※の年次推移

図 10 病院・診療所別にみた精神科医師数の推移

「精神科医療の機能分化と質の向上等に関する検討会」第 1 回「医療施設調査」より

厚生労働省　2010.3.23

診療所開設時と現在の医師の年齢

　診療所開設時の年齢は、最年少 26、最高齢 69、平均 44.1 であった。現在の年齢は、最年少 32、最高齢 88、平均 58.6 となっている。30 代から 80 代まで幅が広いことが特徴である。尚、『平成 20 年の医師・歯科医・薬剤師調査』によると、病院に勤務する医師は開業医より平均が約 5 才若い。この勤務医より診療所医師の方が年齢が高い、という傾向は、は、辻村が行った内科医を対象とした調査も同様である。（辻村 1987:13）。

　直前の勤務先は、精神科病院（55.4%）、総合病院精神科（21,2%）大学病院精神科（11,7%）となっている。一定の病院勤務を経て、必要な資格（精神保健指定医）を取得後に、地域で開業というキャリアとなっていることが伺える。

　精神科診療所を開設した目的意識は、「精神科医療におけるプライマリーとして、気軽にいける診療所として」（69.7%）　「入院をさせず外来で支えるため。外来治療を積極的にするため」（56.1%）「地域に精神科診療所がないため」（16.0%）「精神科病院のあり方に失望して」（15.2%）。であった。

　「入院をさせず外来で支えるため」に関しては、平成 25 年に行われた診療所の全国調

査にも表れている。この調査によれば、診療所では、訪問や福祉事業所を抱える多機能型が 30%あり、かつ現時点の GAF スケール[31]で 30 点以上の重度の精神疾患を抱える方への支援を行っていることが明らかになっている。この数字が表すものは、病院から地域への施策により統合失調症の「軽症化」あるいは「不安定な寛解状態の人」が退院していることを示している。

　また「精神科病院のあり方に失望して」は、医師が過去において病院に期待していた歴史がある。工藤は、「精神科病院が理想を失った。理想のない精神病院は経営の維持だけに終わってしまう場合もある。病院に求めるところが多すぎた」と開業した医師もいた」と述べている（工藤 2013）。このように病院を離れた医師は何らかの精神医療へのこだわり、志を持っていたことが予想される。

精神科診療所で主に行っている治療

　わが国の診療所医師が外来治療で主に行っている治療の上位は①通院・在宅精神療法（99.4%）、②認知行動療法（12.3%）、③精神分析療法（8.4%）④家族療法（5.5%）である。

　諸外国の動向では、Schizophrenia Patient Outcome Research Team(PORT)では、実証性のある心理社会療法を、ACT(Assertive community treatment)、援助付き雇用、認知行動療法、家族支援サービス、トークンエコノミー介入技術訓練、アルコールと薬物使用障害への介入、心理社会的介入による体重管理の 8 種類を推奨している。

　わが国では、このすべての施設で行われているわけでもなく、地域によっては選ぶこともできない（渡邊 2011）。しかし、概ね上記の 3 つを併用している形が一般的であろう。

精神科診療所の医師の地域での役割と連携

　精神科診療所医師が診療所以外で行っている活動は、学校、保健所、医療系学校講師、行政関係、司法関係、鑑定業務、成年後見鑑定業務、産業医、顧問医、精神医療審査会委員、自立支援医療、精神保健福祉手帳審査会委員、老人施設、精神障害者福祉施設、身体障害者、知的障害者施設、障害区分判定審査委員、介護保険の認定審査委員、認知症サポート医、と多岐に渡る。

---

[31] GAF スケール　The Global Assessment of Functioning の 30 点以上は、「行動は妄想や幻覚に相当影響されている。または、意思伝達か判断に粗大な欠陥がある（例：時々、滅裂、ひどく不適切にふるまう、自殺の考えにとらわれている）」というレベル。

一方、精神病院内での医師は、院内で退院制限を要するか、措置入院が消退しているか、医療保護入院や隔離、拘束などの要件、退院請求が出された患者の診察などが主である。地域活動といえば、鑑定業務、精神医療審査会委員、医療保護者の退院支援会議程度で、役割の幅は限定される。精神科診療所の医師は、先に述べたマーケット戦略という意味もあるが地域で看板を挙げる以上、関わる施設はさらに広がるのだろう。

精神科診療所の課題

　ここで、入院医療から地域生活へと精神保健医療福祉体制が転換され 10 年が経つなかで、精神科診療所の実態を整理してきたが、現在の課題について 2 点提示しておきたい。

「治る」をめぐる医師のスタンスの違い

　統合失調症が治るということについては、治療に対するスタンスそのものが違うことや、勤務する医療機関の規模などにも随分作用される。また、研究で得られている知見も様々である。2005 年にアンダーソンによってやっと「寛解」が以下のように定義された。「寛解は中核症状が残存していても症状が患者自身の行動に影響を及ぼさない程度に回復し、それが維持され、かつ初期統合失調症診断基準を満たさない状態である」その後、2010 年の Nature 1 号は「A decade for psychiatric Disorders」という論説が掲載され、脳科学が進歩した今、いよいよ精神疾患を解明するときがきた、と述べられた。ところが、2012 年には、その解明を待たずとも統合失調症の病態そのものは軽症化し、退院後治療を止めてしまっても自然に良くなる統合失調症の一群があるという驚くべき報告もでた（Harrow 2012）。つまり「寛解」や「治る」という可能性と限界は臨床医の裁量の中で行われる。

　その結果、診療所協会では、いつのまにか診療所にしか通わない患者群が増大したことを鑑み「外来ニート」と称している（平川 2011）。診療所に患者が沈殿することを問題にし始めたのである。この問題は、言い変えれば「患者が寛解後に医療から自立する」ことについて、漫然と治療を続けることで、診察室の中で棚上げになってきたことを示していると言われる。本章では、「治療を卒業したい」という申し出をした 35 才の男性の患者に対して医師がどう対応するのかをみたいと考える。

危機介入時の診療連携の課題

　統合失調症患者が、急性期症状が軽快した後に、目覚め（awakening）現象と呼ばれる抑

うつ状態を生じて自殺に至る例もあることは周知の事実である。何かの機会に突然「自分が他者との結びつきの中で生きている」といった共同性に、目覚める瞬間があるのである。この時に、垣間見る共同存在の輝かしさに圧倒されるとともに、そこから再び「脱落」することに怯え、患者の存在性は激しく震撼され、危機的な様相を呈する（村上 2011）

陰性症状に目覚めた患者は「カイロス的時間」が再生される。中井が述べた「季節感の回復」を経て治癒の方向へ向かうのだが、精神病体験は患者自身に「内なるスティグマ」をもたらし、自殺、再発のへ引き金をはらむ。つまり統合失調症の軽快と再発は表裏一体である。よって、回復期を担当する治療者は、患者の「トラウマ化」を予防するような心理社会的介入が大切になるといわれている。

しかしながら、現在の診療医の体制は、休日夜間の電話対応は行っていない（70.1%）、地域の救急システムに参加していない（45,4%）地域の休日当番医を受けていない（47.1%）自立支援協議会等地域のネットワーク会議に参加していない（70.3%）など、いざとなった時の機能が極めて低い。井上は、2001 年からの東京都での移送制度において掘り起しとなった困難事例を挙げ、行政レベルでの関わりの難しさを述べている。（井上 2009）

精神科医が、主治医になっている患者のフォローはともかく、地域の不特定の人を対象とした社会的要請を担うことは慎重な議論は必要だ。医師が地域での監視人の役割要請になる可能性があるからである。しかし、筆者は、現実に地域の自治会長からの危機介入への具体的な質問を受けた。この現実の質問をそのまま医師に問い、地域での医師の介入のスタンスを見ることにしよう。そして、以上の 2 点の構成概念とそれをよく表しているインタビューを以下に例示していくことにする。

5.2　地域精神科診療所医師に対する調査概要

インタビュー協力者

筆者は、2007 年から、東京地域で精神科クリニックを開業している臨床医を対象に面接調査を行った。対象者は出身の医局が全て異なる 7 人で、精神科医の経歴は 15 年以上である。そして、全て精神保健指定医（精神保健福祉法 18 条）である。文書で了解が得られた後、各診療所を訪問しインタビューの要旨と時間、守秘義務について説明し、改めて了解を得た。

先に提示した、全国の精神科診療所の置かれている条件と比較すると、本稿のインタビュー協力者は、平均年齢と開業直前の勤務先、行っている治療法など全般的に類似した傾

向であった。ただし、競争が激しい東京での開業という特徴はあるだろう。

　以下の表 17 は、東京精神神経科診療所協会案内と各診療所が出しているホームページから医師の得意分野と施設の特徴を整理した。

	性別	年齢	得意分野と施設の特徴
A	男性	50代	相性のいい医師選択・サイコドラマ・家族教室・プチコール
B	女性	50代	乳幼児発達相談・療育相談・スローライフと有機的連携
C	女性	40代	デイケア（小規模）・食事サービス・老人精神医療
D	男性	60代	多文化外来・思春期・（企業）セカンドオピニオン・親の相談
E	男性	40代	２４時間電話・訪問往診対応・鍼灸（漢方あり）
F	男性	40代	訪問看護・デイケア・企業契約（産業医）・認知行動療法
G	男性	30代	摂食障害・ストレス・漢方・睡眠外来・産業精神医学

表17　インタビュイーの得意分野と施設の特徴（東京精神神経科診療所協会案内を参考に作成）

調査方法

　本研究の聞きとりは、あらかじめ設定した２つの状況について医師の意見を聞く２つのヴィネットを中心とした半構造面接である。質問は７項目、うち二つはヴィネット形式となっている。ヴィネット１「治る」は、統合失調症患者のインタビュー結果を示し、その患者に対してどのような話をするか、ヴィネット２「危機」は、自治会長からこの地域の精神障害者の人に避難訓練を誘っていいものかという尋ねに対して、医師としてどのように答えるかを尋ねたものである。面接は１人１回で50分前後であった。

質問事項

1.普段の診察について　病名の告知の手順、流れはどのように患者を診て行っていますか

2.ヴィネット１：患者さんが、下記のように「精神科から足を洗いたい」といいました。

　　『今の会社での人間関係に、多少なりとも生かされてる感じがする。だから、もう外に出てみないと、やっぱこう言えないところがある。だから精神科から足を洗いたいすよ。』35歳男性　G氏

　　先生が、この患者さんの主治医であれば何に気をつけてどうお話されますか

3.なぜ病院を辞めてまで、開業されたのですか

4.患者さんとの関係が長くなってきた時その関係性は、変わりましたか

5.先進国でないほうが、治癒率が高いということをどうお考えですか

6.家族の負担が未だ重いわが国の現状をどう思われますか

7.ヴィネット2：先日下町の自治会長から

『この地域の精神障害者？の人に避難訓練を誘っていいものか』と尋ねられました。

先生がその地域の医師だとしたらどう応えますか

　分析は、二つのヴィネットへの医師の反応を医師の治療に関するナラティブとして分析した。ヴィネットはあくまで、医師の治療や患者に対する意識や態度についてのナラティヴを引き出すためのもので、筆者が、14 年間の精神保健福祉実践をしてきた中でこれらの医師と連携を取ってきた関係性が前提にあるため、医師の語りを深いレベルで解釈可能であると判断した。

　解釈に際しては、対話的構築主義アプローチの考えを参考とした。このアプローチでは、語りによる自己表出は、単なる自己の内部のものを外部へ表象するのではなく、インタビューという相互作用を通じてつくりだされると考える。つまり、語りによって表象された自己とは固定的で一貫したものではなく状況において多元的に変化すると捉えることに特徴があり、本稿でもこうした考え方を採用した。

　桜井は、これまでの社会的事象を科学的に説明する材料としてのライフストーリー研究、つまりシカゴ学派の流れを組む実証主義アプローチや解釈的客観主義アプローチに対して、文化慣習や規範、秩序に大きく支配された語りを「マスター・ナラティブ」と呼び、この支配的な「マスター・ナラティヴ」の抑圧に対して語り手は自分の所属する特定のコミュニティで、育まれた「モデルストーリー」を拠り所としてストーリーを生成するとしている（桜井2005）。ナラティブの視点は時間変化の記述に特徴がある（ブルーナー1999）。森岡は、「体験を語るときの時間構造は豊かな時間位相を含む。語りとは現在によって過去を語り、過去において現在をみる実践である」という（森岡 2013）。また後藤は、バフチンを引用し大学病院の医師が患者を語り直す医師の物語が、実は自分の現在を語る物語になっていること、経験の浅い研修医の語りはより疾患にあてたモノローグであり、医師である自分を抜きにしたシンプルな物語に仕上がっていることを呈示した（後藤 2008）。つまり、ナラティブ分析は、人間の時間体験のある種の表現というように捉えることができる。

インタビュー時におけるインタビュアーのポジション

　筆者は、精神保健福祉士として長年働いてきたが、インタビュー時には大学の教員という立場になっており、このことがインタビュイーの反応に微妙に影響している可能性があることについて付言しておこう。筆者が、各医師と挨拶をしてインタビューに入る際、「ワーカーたちもさ、学校の先生なんかになってしまったよね」と必ずいわれたことを記しておこう。これは、様々な理由が考えられるが、インタビュー導入時で筆者が感じたのは、明らかに褒め言葉ではないだろう、ということだった。

　第1に考えられるのは、過去に病院に勤務する同業者として中から変えていこうとした歴史を回想しての失望の発言ではないか。特に筆者は、現在「臨床現場」を持っていない。この点において「外に逃げておいて、外から物をいう姿勢をとるのか？」という眼差しを医師からむけられることは否めないことである。インサイダーで見えることとアウトサイダーで見えることは異なる事なのだが、彼らが、現場に居続けている、という事実に筆者は頭を垂れるしかない。

　第2に考えられるのは、職種のヒエラルキーの問題ではないか。「精神保健福祉士は、業務を行うにあたり、医師その他の医療関係者との連携を保ち、精神障害者に主治医があるときは、その指導をうけなければならない」（精神保健福祉士法第41条）とある。「指導」と「指示」の違いについては「指示」に比べ「指導」の方が拘束力は弱いとされているものの、筆者と医師との上下関係は明確であった。しかし、今は、医師は地域の診療所の医師に成り、筆者が教育機関に働く者に成った。この事から現在のポジションの確認作業の言説ではなかったか。医師という職業は、良くも悪くも権威を常に内在化している人物像であることが推測できた。

5.3　医師たちの語り

　インタビューは7名について行い、二つのヴィネットに対する彼らの反応、医師たちの診療所医師としての自分についての理解を以下の表18にまとめた。この表から、ナラティブの時間体験という構成概念をよく表している語りが見られたのは、B，D，Eの医師であると判断した。この3名の医師は、大規模な病院を辞めてから5年未満であったので、過去〜現在の記憶が鮮明であったことも要因である。「時代」「若い時は」という言説を頻繁に使いながら過去を回想し、今を語った。尚、医師の語りは、プライバシー保護のため、また読みやすくするために文脈を損なわない程度に一部修正を加えた。

医師	ヴィネット1に対する反応 （「精神科から足を洗いたい」）	ヴィネット2に対する反応 （「避難訓練に誘ってよいか」）	開業医への転身について
A	血というものが残念ながらある	なじみの保健師が1人で関われば良い	穏やかにほほ笑むのみ（発言なし）
B	大病院のヤブ医者が主治医の患者さんだから。	共同体が苦手な人たちだから誘わないで欲しい	病棟は、身体的に辛くなった。医局の人事に信頼がおけなくなった。ＤＳＭで、病院は医療崩壊だと思うから
C	「川に流されたら足がつくまで流される」私の患者さんの言葉を伝えたい。	地域の人や行政より、出来る事は私が支え手になりたい。	病院勤務医時代は、地域に資源がなくて本当に辛かったから。
D	精神科はヤクザなので足は洗うことはできない	誘わない方が変。決めるのは本人でしょ	病院が機能分化になり普通のつまらない病院になったから。外国人を診るようになったから
E	健全さの表れ。時代との親和性もあります。医療は保険として使ってほしい。	地域で、彼らの流儀を受け入れる度量が必要。地域も高齢化すれば同調できる	心身との関係など、自分のマニアックな関心を追及するため。若いときは、今ほどには告知がキチンとできなかった。
F	そこをクリアすると、もうひとつ上の「治る」になれると思います。	まずは地域へのサイコエデュケーションから始めてください。	大手の企業と契約したから。病院の心理士を引き抜いて開業した。
G	天然パーマの人は天然パーマのまま。病識がないのですね。	ＡＣＴとかで支援体制をつくる	評判でナンボという世界でやる。患者さんの治癒力を信じる医療をしたい

表18. 二つのヴィネット、開業に関する医師たちの考え

3人の医師の物語

以下、3人のインタビューを準備しておいた質問項目に沿って時系列的にみていくことに

しよう。

B医師「治るってことに焦ってはいけない」

　B医師の経歴と専門は、思春期精神医学である。当然、インタビューの内容は、患者本人よりも家族のあり方などに焦点が当たることが多かった。こうした考えは、初診から告知のスタイルにも表れる。次にあげるのは、告知に関するB医師の言葉である。

　　　統合失調症の人はやっぱり我が弱いからね。キーパーソンの家族がいるかいないかで変わります。診察室では、家族の理解がすごく大事だっていう。最低8カ月、回復にかかると。発症してすぐにね、治療に当たる。そういうふうに見てくきちんと治せばよくなるけれども、こじらすとかなり大変な病気です「治ることに焦ってはいけない」「病名は何ですか」って言われたときには、もう迷わずにちゃんと言いますね。ただ、今は家族の力量に差がありすぎるので、そこは臨機応変に告知しています。

　B医師は、病院勤務中ではマイクで患者さんを呼ばず、1人1人自ら患者傍に出向いて診察室に導いていた。しかし、病棟機能分化が推進されるとそのような丁寧な振る舞いは難しくなることは容易に推察できる。B医師は、大病院を辞めた理由をこう語る

　　　病棟、急性期は体力的にキツイから。それから、医局のシステムが要するに、すごく無責任に成りました。本来だったら、医局の機能は。向こうの特性と医者の特性を考えてやるべきじゃないですか。教授の利権で動いてないってはまぁ、いいかもしれないけど。それだけじゃ不十分ですよね

　以前の医局はその医師の適性を踏まえて、勤務先を教授が紹介していたという。しかし、B医師の病院勤務の際にはその様な丁寧なマッチングがなく、自分が予想していない病棟配属を命じられたという。この体験をB医師は、否定的な記憶として語った。さらにその憂いは、DSMの操作的診断をめぐる医師の姿勢の話になる。

　　　なんといってもDSMでもものすごいやぶ医者を、ものすごい医療を作っちゃったんですね。大きい病院はほとんどヤブ医者でした。もうえらいことになっている。

　また、B医師のDSM批判は「誤診が東京に多い」という話にまで発展していき「時代が変わらないといけない」というストーリーに発展していく。

　　情報、高度情報社会ってのは、生きにくいんじゃないですか。日本においては東京っていうことになる。東京は誤診も多いと思う。病院も、学校も先生が自信をなくしたことと裏返しの現象です。がたがた言うより、この時代を変えたらどうですかっていう話ですよ。

　ここでヴィネット１について尋ねた。B医師は、この問いの答えとしても、病院や医師の治療レベルの差を真っ先に挙げた。

　　どこの患者さん？○○病院で治療受けたからですよ。○○病院の先生は大分違う。そりゃ医療水準が全然違うもん。大病院というところは、そういう人の巣窟なんですよ。腰がひけている人、傍若無人な人も多いんです。いい人はいても、○○病院には、治療をちゃんとしている人がいないからです。

　ところが、B医師は、「大病院でけ腰がひけている医師が多い」と同業の医師批判をする一方で、患者家族に対してはもうひとつの語り口があることに気づく。それは、家族には「医師を信頼する」ことを大前提にすべし、という語りである。

　　親御さんが、治療者を信頼するとか。治すってことを信頼できない。それでは、やっぱり実際問題、治療は難しいと思うんですね、ドクターショッピングとか、困りますね。

　つまり、医師同士は互いの力量が内々でわかっているのだが、家族には「治療者を信じ、ドクターショッピングなどをしてはいけない」という。これは暗黙の医師の紳士協定というものであろう。
　ここで、筆者は２つめのヴィネット「避難訓練に精神障害者を誘っていいか」という質問をした。B医師は、少し考えて以下のように話した。

いざ危険なときは意外に上手に逃げるのは統合失調症の人なんです。私は確信できますね。統合失調症圏の人は好奇心はすごく高い。よく見ています。参加しないだけです。「本当に火事だよ」って言えば、ちゃんとやると思いますよ。ちゃんとバケツリレーもやるんじゃないですかね。「おーっ」っという共同体がダメなのです。

　B医師は、患者には、「治るということに焦ってはいけない」家族には「治ること、つまり治療者を信頼すること」と述べ、筆者には治るかどうかは「病院の医療レベルの低い医師が主治医であったか否かがポイント」と語った。

D　医師　　「言葉が通じていないというところから始まる」

　D医師は、一般企業から医師に転職した経歴があり、専門は異文化精神医学である。前職の精神科病院ではリハビリテーション病棟で尽力した人である。その為、筆者は病棟で行っていた心理・社会教育と病院外来での診察のエピソードを盛り込み、尋ねていった。

　「統合失調症」という言葉を言ったって、意味ないと思ってんのね。そんなの相手が分かんない、分かんないっちゅうか、まあ、非常にバイアスもかかってるし。基本的には、その、何が問題かっていうようなことから始めていくね。統合失調症って、時代の病気だと思ってるから。だから折り合いの病名だと思ってるわけよ。色々解明されたからっていい事があるとは思えないんだよね。統合失調症を、取り巻く言説が、変わってきてるんですよ。

　D医師は、病棟勤務中に病院の機能分化が起きる。つまり、急性期中心に方針変換するという事態に見舞われた。D医師のリハビリ病棟は、閉鎖に追い込まれた。D医師は急性期病棟の医師にはならず、退職して地域へ出たのである。

　なんだか、あの病院も普通のつまんない病院になってしまったね。新しい薬が統合失調症を徹底的にこう、解明して、なんとか治そうという気持ちとか。でいろんな工夫をすることによって、もっと上を見たい、ねらっている人（若い医師）はわかるけどね。僕は、プロセスに関して、どういうメッセージを与えればいいのかなっていうことを、ま

あ、考えるよね。

　病棟機能分化は、病院内での病棟間格差を生む。当然、診療報酬が高い急性期病棟には
ハード面でも待遇が良くなり、若い医師も急性期を希望する（指定医資格取得のためでも
あろう）。D医師は慢性期の患者を診ていた病棟時代と今の自分をふりかえり「ふにゃふ
にゃした医師になった」という。

　　　全然変わったと思う。あの、だから、やっぱり、中井さんも言ってるじゃない？「若い
　　　医者っていうのは、まあ、傲慢だから、その、要するに普遍症候群を見てると。僕も「薬
　　　は断薬しちゃいけないよ」とか。結構えらそうに言ってたけど。けどまあ、そんなの 2
　　　カ月も 3 カ月も出してても。全部飲んでなかったみたいなことを何度も見ながら、今日
　　　に至ってると、そんな話はそんなに通じてないんだってことから始まっていくんだよ。
　　　そういう意味じゃ、ふにゃふにゃした医者になっちゃったよねぇ。

　ここで、D医師は、中井久夫氏の言葉を引用し（中井 2001 を参照）、自身が中年以降の
医師として得心のいく話であると力説した。文化として治療環境を考える D 医師は次のよ
うにも語る。

　　　事例化してないという部分が。とても大きいかなって。途上国の方が、統合失調症の人
　　　にとっては、当然、治療環境いいよね。

　筆者はここでヴィネットについて尋ねた。『患者さんが、下記のように「精神科から足
を洗いたい」といいました。先生がこの患者さんの主治医だったらどう答えますか？』。D
医師は、この問いに少し声を張りあげて「もう治るとか治らないとかいいじゃ〜ん？」と
答えた。

　　　何か嫌なのかもね。自分の過去とかね。あー、だから、できることなら消去したいんだ
　　　ろうね。でも「足を洗いたい？」精神科はヤクザな世界だから洗えないよ。いろんな事
　　　を引きずるのが人間だから。だけど、よっぽど「だめ」みたいな話じゃなければ「よし」
　　　としよう、みたいな。ずるずる引きずってるけど、ジャラジャラ音出しながら歩いてる

けど。まあ。歩けなくなるまでは、歩いたら？みたいな。もう治るとか治らないとかいいじゃ～ん？

「いろんなことを引きずるのが人間だから」というのは、DSM での分類ではなく、人として、という共感的視点である。さらに、D 医師は、結婚についても「僕らと同じだよ」と語る。

　「割れ鍋に綴じ蓋」だとか。病気持ってるからこそ結婚していいんじゃないかって。うまくいってる人いっぱい見てるし。「結婚はしなさい」って周りの人へも言うよ。誰かの責任を持つのは悪くないよね。僕らと一緒だよ。

　ここで、筆者は 2 つめのヴィネットの「避難訓練に精神障害者を誘っていいか」という質問をした。D 医師は、回復までに時間がかかる統合失調症の患者をいかに治療し、支援をするかという点に勤務医時代から精力を注いできたからだろうか、地域の人との積極的な交流を勧めた。

　声をかけてあげたらいいと思うな。選ぶのは本人なんだから。言わない方が、かえって、変じゃない？。ただ、彼らは譲らない。そのレトロ感が、我々を癒してくれるでしょ？。だから、地域の人と交流すればいいよ。それから日本のＡＣＴは反対です。あれは、薬でずぶずぶの米国がやることです。

　D 医師の語り方は、「言葉」が現実を構成するという立場である。「統合失調症を、取り巻く言説が変わってきてるんですよ」はそれを表している。しかし、患者へは「言葉は通じない」という。そして「どういうメッセージを与えるかを考える」という。伝わらない言葉を伝わるように修練をし続けるのが精神科医の治療観かもしれない（黒木 2009）。

E　医師　「私もアガリの年ですから」
　E 医師の経歴は、心身医療の立場を大切にしながらの精神科医である。地域では、プライマリー医療として、在宅医療に従事している。まず、E 医師は、精神科病院での駆け出

しのことを思いだし、次のように語った。

> 入院治療のどこの局面において、そのことを告知するかというふうなことが主な、焦点
> になっていたかと思います。医者としても駆け出しでしたので、その部分までしっかり
> 含み込んでお話をしていたかというと、残念ながらあまりそうではなかったかなという
> ふうには思います。しかしながら、将来について簡単ではないけれども、希望もあると
> いう。必ずお話をするように。していたとは思います。

　E 医師は、自分の漢方への関心、在宅医療への関心から病院を離れる。この関心は、神
田橋先生の「官能的評価」であったと述べる。診療所医師には、このように自分のアプロ
ーチを極めたいという人も多い。

> かなりマニアックな話ですが。漢方医は「官能的評価」[32]ということが精神医学で言われ
> る前から、漢方薬は良薬口に苦し、ではなくて、その人に合ってる薬ならおいしく感じ
> られるっていうふうな言われていますマニアックですが自分のアプローチを極めていき
> たいと思うようになりました。

　E 医師は、在宅医療に携わってから淡々と生きる統合失調症の暮らしに感銘をうけ、
それと比較してべてるの活動を「お祭り」「芸術家」と捉える。

> 在宅といえば、べてるですが、芸術家としての生き方をも、本当にお祭りのように生き
> ていくということに関しては衝撃を受けました。しかし、統合失調症の方のすべてがそ
> のようには生きられない。同時に強く感じました。で、まあ、実際には往診ということ
> をやらない限りは、その、退院をした方がどんな生活を送ってらっしゃるかということ
> を、病院だけにいれば、精神科医は見ることができません。で、私は在宅診療所に勤め
> るようになり、そして、統合失調症の方ご本人や、あるいは統合失調症の方が自分の認
> 知症のお年寄りの介護しているとか。そういうふうなところに往診に行くようになって、

---

[32]官能的評価：神田橋條治らは、2007 年に「精神科薬物治療を語ろう　精神科医からみた官能的評価」と
いう形で薬の「のみごこち」に着目した著を発表。医療関係者にとっても、患者さんにとっても強いイン
パクトを与えるアプローチとなっている。

そのたたずまいということがようやく具体的に。うかがい知ることができるようにはなりました。なので、お祭りのように生きなくってもですね。べてるにならなくてもいい。在宅で拝見して感銘を受けました。何ていうのか、動かされるものを感じています。私もアガリの年ですから。

　E医師は、中年期にさしかった自分の年齢と重ねて「私もアガリの年ですから」と語り、「淡々と生きればいい」という。そして、病態は「社会との親和性のもの」であるともいう。それが統合失調症を減らしている要因と捉えていた。

　統合失調症の人が持っている世界というものと、私たちが生きるこの消費主義社会のありようというふうなものが奇妙にかかわり近づいてきているというふうなこともまた言えるようには思います。エピソードとして精神病様症状があり、それがなくなったというふうなことであれば、それはいわゆる発展途上国と言われる世界の中で、ありやすいことではないかなという想像はします。まあ、であるとすれば、現代社会における、資本主義社会における統合失調症のありようというのは、むしろ生活と親和性を持つがゆえに。まあ、うやむやになっている。複雑化し、エピソード的にバーンと悪くなりというふうなこともあまり起こさず。というようなイメージはあります。

　筆者はここでヴィネット1について尋ねた。『患者さんが、下記のように「精神科から足を洗いたい」といいました。先生がこの患者さんの主治医だったらどう答えますか？』E医師は、即座に「健全さの表れですね」と答えた。

　当然だろうというふうには思います。ある意味、それも健全さの表れですよね。けれども、何ていうのか、自分の内面を知ろうとし、そして接近をする人っていうのは脅威ですね、神田橋先生の「自閉のすすめ」[33]では、心の内面を知ろうというふうに願い、そして接近をしているので、それは並はずれて有害だっていうふうな意味の言葉を残しておられます。やっぱり、それは常に意識をします。でも、いつか必要としなくなることの方がよりいいことなのであって。願わくば、保険をかけるみたいに医療を使っていただ

---

[33]神田橋條治が1976年に発表した「自閉」の利用―精神分裂病者への助力の試み―『精神神経学会誌』橋78の論文。その後、神田橋は1981年に、精神病理懇談会の席で「拒絶能力を育てるために」を配布。

けたらと思います。

　さらに、E医師は、患者へは、神田橋條治氏の『自閉のすすめ』を引用しつつ、一方で
これまでの精神科医療の歴史上で隔離収容してきたことを振り返り、医師と家族が行って
きた負の歴史に注意を喚起する[34]。

　　家族も大変ですが、ときとして、その家族の都合ですよね。家族の都合を医師は、最優
　　先してしまうということが医療行為の中に、あのー、反映されてしまう。これは、気を
　　つけなければならないこととしてあるとは思っています。

　ここで、筆者は2つめのヴィネット「避難訓練に精神障害者を誘っていいか」という質
問をした。E医師は「地域の度量」という答えであった。

　　彼らの流儀を受け入れるだけの、まあ、度量というか。コミュニティーが持っているか
　　という、そこに尽きるように思います。やはりその差ですよね。それぞれの、まあ、流
　　儀なり、特性なりと。いうふうなものを、まあ、受け入れないと結局それは、あのー、
　　まあ、ひどいはじかれ方をする、というふうなことになりますのでね。　まあ、まさに、
　　寝た子を起こすというか、よ、余計なことだけをしたというふうなことに終わってしま
　　いかねないですよね

　また、必要な医療や支援をうけながら地域で生活するという流れは、地域住民も同じで
あるという。住民も高齢化し、弱くなる、と述べる。

　　地域住民の方にしたって、結局年をとっていくわけですよね。年をとって反射神経鈍く
　　なれば、バケツだって運べないかもしれないし、っていうふうなことは必ずあるんで、
　　たまたま、その、今、ある方たちが、皆さん動けてそして同じような均質な集団として

---

[34] 1999年の精神保健福祉法改正まで、保護者には自傷他害防止監督義務が課せられていた。2013年6月、
精神障害者の地域生活への移行を促進するため、精神保健福祉法一部改正の法律が成立し、保護者制度は
廃止となった。

機能できるとなってるからこそ、成りたってる話であって、それは精神障がい者であろうがあるまいが、その、その集団の中で、時間を過ごすということは、必ずその問題には直面するはずです。うん。近い問題もあるって、住民自体も動けなくなってくる。弱くなっていく、そうとらえた先に、「アプローチ」があるなら意味を持つだろうと思います。私は、ACTを見に行きましたが、理念ではなくチーム医療がやれるとすれば尊いことだと思います。

　E医師は、医師としては薬の飲み心地という面を追及し、患者へは「希望」があると話をし、地域へは「住民の反射神経が鈍くなり、患者に共感できるようになってから専門家はアプローチすることなら意味がある」と述べた。

　さて、以上の3人の語りから、精神科診療所の医師の二つのヴィネットへの反応に見られるマスターナラティヴを考えよう。

5.4　医師の語りからみえる病についてのナラティヴ

　精神科医師の精神疾患に病む人を捉える視座は、「脳疾患」「気質：性格」「人間学」「現象学」「社会・環境」の少なくとも5次元は存在するといわれる。しかし、精神科診療所の医師の語りは、こうした次元の背後にある人の生に向けられているように思われた。以下では、「病気から治ること」「病気であること」「生きること」という三つについて彼らの語りを考えたい。

「治ること」「時代の病気だと思っている」

　まず「治る」という側面を考えるとき、告知の問題にふれないわけにはいかない。病名告知は、医療の中で重要な行為であり、最近ではIC（インフォームドコンセント）から発展した手法としてSDM（Shared Decision Making）もある。昨今では、医師は患者にとって、パートナーの役割となっている。

　しかし、B医師のように正しく伝わらない家族と判断された場合は、説明が考慮される状況もあり「きちんと治せばよく治るけれども、こじらすとかなり大変な病気です」という表現となる。また、D医師のように病気を伝えずに診療をすすめることも可能である。

E医師は「希望がある」というメッセージを込めるという特徴があった。病名告知は、単に診断名を告げるだけではない。治療法や予後の情報を提供し、患者の理解を図るという診療行為である。ちなみに、エビデンスレベルが高い心理社会療法を提供する場合、告知が前提になっている。しかし、この様なガイドラインはあるものの、具体的なことは臨床場面の医師の見立てにゆだねられていた。告知をする、しないの精神科医らの根拠は不確かであることが明らかである。

　内科医に「患者がよくなるとはどういうことか？」と尋ねられると「よくなる」という表現と「治る」は同じ意味になるという（宮崎 2000）。内科医は、「疾患（disease）」を拠り所として自らの専門を成り立たせている。疾患を治療することが仕事であり、「治る」というのは、この疾患が首尾よく治療されることを意味する。その結果患者は「よくなる」と言われる。3人の語りからは、精神科では、病気が「治る」ことと、患者が「よくなる」ことは必ずしも同じではないことがわかる。そもそも内科モデルのように治りたい患者は、精神科には来ないという事実もある。「治りたいが治りたくない」というアンビバレントな主訴もある。つまり、「もう治るとか治らないとかいいじゃ～ん」と発言する医師は、純粋説得で事足りる、内科モデルを否定していることになる。また「治らなければ」「よくならない」ということであれば、治らない病を抱えたら永遠に「よくならない」ことにもなるかもしれない。D医師は、統合失調症を「時代の病気」と表現しているが、この表現は、精神科医も患者も「時代」を前にして「統合失調症という慢性病を生き続けていくこと」の時代性の障害受容をすることを意味する。裏返せば患者は、生まれた時代で自分の病は決まってしまうことになる。したがって、「精神科から足を洗いたい」という患者の希望に精神科医は、二つの相反する文脈からのアプローチをすることになる。一方では、「足を洗いたい」は、「治りたい」という文脈と受け取られ、「もう治るとか治らないとかいいじゃん、そろそろ病の時代性の障害受容をしようよ」という反応になる。他方では、「足を洗いたい」は、「受容せよ、と医師が言ってもそうそう当事者は（感情的には）出来ないよね」という文脈と受け取られ、「（抵抗できるのは）健全さの現れ」と評価される。こうしたアプローチの曖昧さは、とりわけ病院から「足を洗って」慢性病を診ていく精神科医の宿命が反映されているように思われる。この曖昧さが理解されていないので、一部の内科医が精神科医を批判し「セカンドオピニオン」を推進しているのではないだろうか（内海 2010）。

「病気であること」「地域で事例化しないように」

「疾病性と事例性」は精神衛生学の鍵概念を提唱した加藤正明の知見（加藤1976）であるが、D、G医師は、筆者に「例の疾病性と事例性だよ、知ってるでしょ？」と述べた。

周知の通り、疾病性とは、イルネスと言い、医学的に個人が持つ疾病の重症度を判断する概念である。その中には、疾病によって生じる症状、後遺症状などによってＡＤＬが制限されている場合もある。事例性とは、英語でケースネスと言い、疾病を持った個人の社会適応の程度を判断するために必要な概念である。

地域において医師が、他人に迷惑をかけずにいる病に対処していれば「疾病性」だが、ひとたび保健所や民生委員が、問題ケースと評価すれば外来患者は「事例化」する。この概念で語りをみると、Ｂ医師は地域の避難訓練は「そっとしておいてほしい」と言う。また、Ｅ医師も「寝た子を起こさないほうがいい」と事例化を防ごうとしていることがわかる。確かに、寝た子を起こすと地域社会は、精神科医に他者保護をめぐる役割を期待するかもしれない。1章で述べたように医師には患者の人権を守ることと地域を守るという2重の役割期待があるからだ。これは、医師にとってある種の倫理的葛藤を生む可能性も出てくるだろう。「何かが起きないように」を前面に出す治療とは見方を変えれば、管理・監視に傾斜するからだ。1970年代の予防精神医学のカプランの知見を単純に導入することはできないが、地域での危機介入の役割や、その人権をめぐる葛藤を語る医師は皆無であった。

「病気であること」は必ずしも「問題となること」ではない。「問題となること」が「病気」の重篤性と関連するとは限らない。「病気であること」は生き方に関わるかもしれないが、「問題となること」は必ずしも、当人の生き方によるものでないこともある。しかし、Ａ医師はあくまで「病気ではなく、その人が困っていることを診る」と述べていた。つまり、精神科医は「病気であること」がどうであれ、患者が社会との関係性の中で「問題にしていること」について患者がどう対峙していくかを探ることを大事にしていた。

「べてるにならなくていい」

慢性期の治療関係が長く続くとき、事実において医師も患者も互いに年をとる。インタビューでは、病院時代を回想しながら医師それぞれの人生観が紡ぎだされた。

Ｂ医師は、「医局のシステムが個人の資質を考えなくなった」と憂い、Ｄ医師は「若い時期の医師は普遍性症候群である」という。Ｅ医師は、自宅で家族の介護をしている患者

を見て「こんなふうに生きておられるんだっていうふうに思い、ある種感銘を受けた。また、地域の高齢化は弱さを生んだとき、統合失調症患者を受け入れる土壌ができる。そのあとでアプローチというものはある」と「弱さ」を語る。そして、B、E医師ははっきりと「べてるにならなくていい」と述べた。

「べてる」は、北海道浦賀町で設立された精神障がい者当事者の地域活動拠点である。べてるは、生活共同体であり「勝手に治すな自分の病気」「昇る人生から降りる人生へ」「利益のないところを大切に」「安心してサボれる職場作り」「べてるの繁栄は地域の繁栄」など多数の著書や講演活動を展開している。べてるは「弱さの文化」があるとソーシャルワーカーの向谷地はいう。べてるは、統合失調症という体験をした者から発信される活動の社会モデルのひとつとして注目されている。しかし、今回インタビューした7人の医師全員が、べてるの活動には消極的な姿勢を示した。

医師らは、これを机上で物を言っているのではない。本稿の7人の医師のほとんどは、北海道に見学に行っていた。そして「統合失調症の方のすべてがそのようには生きられない。同時に強く感じました」と強調した。彼らのまなざしは、べてるのメンバーの中でも後方で、うずくまって発言せず、静かにしている人に向けられていた。

5.5　考察　「弱さ」の医療倫理を患者から学ぶ—共に降りていく人生

ここまで、診療所医師の治療観と言う観点から医師の語りをまとめてきた。本稿の医師の語りの特徴は、身をもってダブルバインド的な文脈[35]に投じているようであった。その代表の一つは「患者には言葉は通じないとわかったがメッセージを送るのが自分の仕事」というものである。さらに、3人の共通点は、「葛藤」「弱さ」の吐露であったことである。

B医師は、同業者を「ヤブ医者ばかり」といい、D医師は自身を「ふにゃふにゃした医者になっちゃった」といい、E医師は「医療は保険として活用していただければ」と述べた。また、分析対象にはしなかったが、C医師は、患者とのやりとりを回想し自身の人生に引きよせ涙を流された。「弱さ」とは、よく知られていないものだが欧州型の医療倫理の四原則に入っている（宮坂 2005）。米国型の医療倫理の4原則は、自律尊重、無危害、善行、それに正義であるが、欧州では、自律尊重、尊厳、不可侵性、弱さである。「人は弱いものである」という原則である。病院から出た医師は、地域で暮らす患者を通して「生活」

---

[35]統合失調症の発病にダブルバインドは、過去においては、有力な知見であった。「招きつつも拒否をする」人間関係のスタイルが発病のきっかけになると考えられてきた。

のリアルを知ることになる。そして、欧州型の医療倫理のまなざしへシフトしていったのではないだろうか。かつ自身も外来の患者から「弱さ」の意味を学んでいるのではないだろうか。

　しかし、今日的課題は、医師が中年期になり生活モデル、もしくは社会モデルを意識できるようになるまで当事者や家族のほうが待てなくなっていることだろう。精神疾患の患者や家族、医療者でつくる NPO 法人「地域精神保健福祉機構（略称コンボ）」は、会員の４割が信頼できる医師を見つけるまでに５年以上かかっていることを示した。そして、全国の 843 ケ所（機構が把握する医療機関の４分の１）の病院や診療所の評価をインターネット上に公表し、患者が早期に適切な医療を受けられることを後押しする方向である。評価項目は、「受けている治療効果や副作用の可能性について医師から説明をうけたか」「飲んでいる薬は何種類か」「医師が話を聞いてくれるか」など 25 の質問に対する回答を集計し、星の数で評価の高さを表すという（コンボ 2015）。

　星の数での評価は、あたかもレストランの評価のようである。この調査の意図は、昨今の「早期発見・早期治療」という臨床実践を前方視的に発症危険状態（ARMS=at-risk mental state）と捉えたデザインである。また、治療成績よりも医師との関係性そのものを大事にする当事者の存在は、星の数評価にならないのかもしれない。例へば、統合失調症で精神科ユーザーの水原は、デイケアの音楽会の席で、診察室では見たことのない生き生きした医師の姿を見て、自分と医師との最悪な関係を肯定的に見直すようになる。そして、「病は自分が格闘するものであり、医師は自分の鏡として居てくれさえすれば良い」と述べ、診察室での医師との関係が好転した体験を語っている（水原 2015）。つまり、医師―患者関係の中に、時に人同士の関係が持ち込まれることが重要な転機をなしたということである。こうした側面は、臨床家としてのリスクもはらむだろうが、もっと検討されてもよいように思われる。

　B 医師は、「医師としての使命感よりも職業的に割り切る医師が増え、ほとんど大病院ではヤブ医者でした」と語ったが、この発言をどういうコンテクストで読み取り、どう命題とするかは、ユーザー１人１人にかかっている。

　今回インタビューを行った診療所医師を例にすれば、「べてるにならなくていい」という治療観を、べてると比較して「弱さ」を開示できない医師自身の「弱さ」と捉えるか、「人は弱いものである」という倫理的な共感性があり、寄り添ってくれる医師と捉えるのか、は患者が判断する必要がある。また、統合失調症という病は、常に時間とともに変動

していくと考えられ（安斉 1997）、また、その変動を生きる彼らの平均寿命は医師よりも疫学的には短い。退院後の自分の人生を考え、何が自分の人生の時間を奪うものなのかの吟味が必要なのである。

先に、内科医と精神科医を比較したが、「あなたは、病気〔無力〕なので私が治しましょう」という内科医も「病の中で、よく私の所に来ましたね。一緒に人生を降りていきましょう」という在宅診療の精神科医も、内海の言葉を借りれば「時間・空間における制約こそが臨床における「歓待の掟」（無条件の肯定）を可能ならしめている。実は無条件で肯定せよといいつつさまざまな抑止する力を備えているのは医療側なのである。彼らの側が恣意的なわれわれの制度を、けなげにも受け入れてくれている」（内海 2008:157）というように、彼らの歓待に依存しすぎてはこなかっただろうか。

しかし、今、統合失調症を持つ人は、主治医との 2 者関係から離れて自身の希望に向けて数々の医療・福祉の枠を超えた知恵を出し始めてきている。彼らは、どのような環境・人・身近な物を資源にして自分で回復しようとしているのか。その自己治癒の方法に関して最終章で述べていこう。

第6章　地域における統合失調症患者

本章では、地域で生活する統合失調症患者たちは、どのように自分たちの状況を考えているのか、あるいは感じているのかを明らかにすることが目的である。

6.1　地域の統合失調症患者を取り巻く制度的環境

病院から地域へ

下記は、厚生労働省の「精神医療の今後の在り方等に関する検討会資料」の抜粋である。この図をみると病院内での統合失調症患者は確実に減少する。医療法施行規則が一部改正され、医師1人当たりの外来患者数の基準が、40人から80人に緩和された。今後、精神科病院の急性期を一般病床と同等の人員配置にし退院を促進していく方針であるという。そして、訪問支援（アウトリーチ）と外来医療を充実させて、病床は減らしていく方針である。

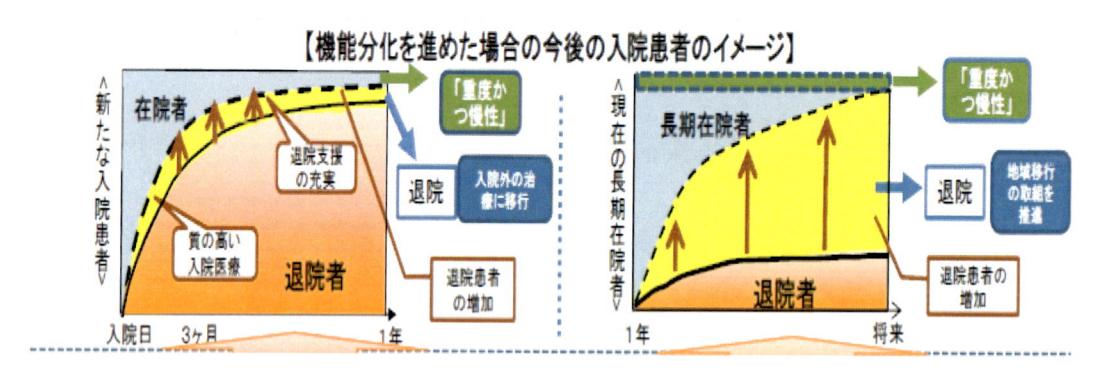

図11　機能分化進めた場合の今後の入院患者のイメージ

「精神科医療の機能分化と質の向上に関する検討会とりまとめの公表について」より

（2012年6,29　厚生労働省）

在宅福祉制度の問題

自宅に帰った後の環境を確認しておこう。福祉制度面では、障害者自立支援法によってこれまで障害種別ごとで異なる法律に基づいて提供されてきた福祉サービスは、共通の制度の下で一元的にサービスを提供するしくみとなった。日本精神科病院協会は、2007年3

月に「精神科病院退院後の精神障害者に対する医療サービスと障害者自立支援サービスの効果に関する調査研究」報告書を作成している。その結果を一部記すと、居住場所以外の自立支援サービスは訪問看護、ホームヘルプサービスなどがほとんどである。その後に、地域活動支援センター、自立支援医療が続き就労移行・就労継続、生活訓練、生活介護などはほとんど利用されていない。

　また、制度運用において、精神障害者の二次判定の結果が低く出てしまっているという問題も挙がっている。(2011 年度障害程度区分認定状況調査)。ということは、区分判定が低くでれば、本人が地域のサービスを利用できなくなる事態も発生する。つまり福祉政策のニーズ評価と実態が解離している。福祉のニーズ評価は、申請主義で公平性の担保が重要視されるので、このような事が起きてしまうのではないか。

　その結果、2011 年から実施された「精神障害者アウトリーチ推進事業」の利用者の治療中断者が皮肉にも増えている。その上、2014 年からは地域生活支援広域調整会議事業及び地域移行・地域生活支援事業に加えて、上記のアウトリーチ推進事業も一部が診療報酬化されることとなった。アウトリーチは、20 病院でモデル事業の時は、1 病院に 2500 万の予算がついていたが、モデル事業が廃止されて診療報酬化されたところ、財源確保はかえって難しくなっている問題も出ている。実際、2014 年の診療報酬改定の「精神科早期集中支援管理料」の点数は 1800 点と低い。すなわち、当事者にとっては、福祉制度によるサービスの恩恵が低く、再発のリスクを抱えての生活を余儀なくされることになる。前に確認したように統合失調症の再発予防は難しい（Caplan 1974）。本人らの話によれば「前兆が来た」と思ったら、後は記憶がないこともあるらしい。となると、危機時には、自分の主治医病院が訪問看護を理念として頑張っていればサポートを受けられるが、なければ医療にアクセスすることは難しくなるかもしれない。

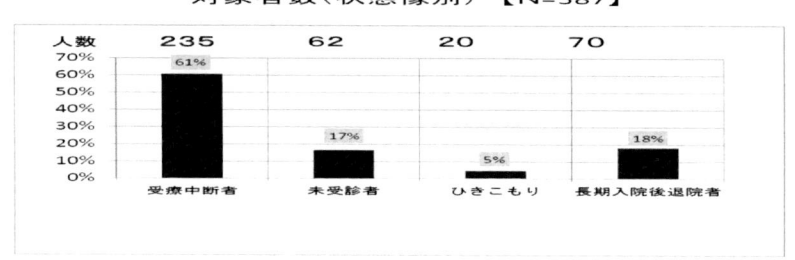

表 19　アウトリーチ推進事業実績対象者の状態別割合（2012 年度）

2012 年度 www.mhlw.go.jp/file/05-Shingikai.../0000046409.pdf

統合失調症患者の回復に必要な「満足感」

アンソニーらは精神科リハビリテーションの定義を「長期に渡り精神障がいを抱える人が専門家による最低限の介入で、その機能を回復するのを助け、自分の選んだ環境で落ち着き、自分の生活に満足することができるようにすることである」としている（Anthony 2002）。

寛解後のリカバリーを目指した治療では、基本的に当事者視点からの戦略が求められるが、こうした視点を重視したものとして、1987 年にオランダの社会精神医学者ロウムが患者ヘイジから「どうしてあなたは、私の幻聴を病気の症状と決めつけまともに私の話を聞こうとしないのか」と問い詰められたことから始めた「ヒアリングボイス運動」がある（Romme & Marius 1989）。1997 年には、世界各国で「インタヴォイス」という国際組織も結成されている。また、ディーガンは「希望をもって新しい生き方を獲得することが回復」と述べている（Deegan 1988）。コリガンも「希望」が回復のプロセスが重要と述べている（Corrigan 2006）。しかし、当事者視点に立つ治療の基本が「希望」であると言っても、こうした「希望」にもとづくリカバリーに関する研究は実際にはほとんどなされていない。その理由は、当事者の「希望」は病気による現実からかけ離れた考えとして一笑に付して重要視しない態度が治療者にあったからと言われている(岡崎 2013)。既存の精神保健システムが提供する抗精神薬やリハビリテーションのためと称して行われる単純作業は良く行われているものだが、これをチオンピは「回復を可能にする自尊心の回復」にとって障害になっていると述べ「専門家にとって良い患者であることは、必ずしもよく回復していることを意味しない」と述べている（Ciompi 1989）。こうした議論を念頭に置いた上で、本章では、良かれと思って専門家が用意している地域精神保健福祉資源を当事者がどう認識しているかについて調べていこう。

6.2　調査の概要

筆者は、東京在住の 70 名の統合失調症患者に「頼りになる人・物・環境」に関する面接による調査を、2010 年の 4 月から 8 月にかけて行った。対象は、関東地区の東部にある 5 施設、西部の 5 施設、多摩郡部の 5 施設で計１５ヶ所の障害者自立支援法(現障害者総合支援法)に基づく通所サービスを提供する事業所とした。これらの地域は、国内における規模、都市の規模、および調査員である筆者が何度か通うことが出来る地域であるという条件で選定された。これらの条件は、少なくとも特定の都市の地域精神保健を理解する上で、

結果の一般化をできるだけ可能にすることを考慮している[36]。

　質問項目をあらかじめ各施設において掲示してもらい、面接調査を希望する対象者に対して、一定項目の質問とエコマップの作成（後述）、それについての聞き取り調査を行った。調査時間は一人当たり 30 分程度であった。

図12　東京方式の3ブロック制（東部・西部・多摩）

　先行研究を概観してみると、地域で暮らす統合失調症患者の QOL に関する研究は、ほとんどされていないことがわかった（Kleinman & Flood 2001）。この点については、「統合失調症患者が正しく質問を評価できるのか」という点がしばしば論議になるが、極端に症状が重い時期を除けば、精神疾患を有する者も自身の QOL 認識について正しく評価することができ、信頼性があることはいくつかの研究で実証されている。さらに回答の最終確認は、エコマップというソーシャルワークのアセスメント手法を用いて確認をした。調査の手続きは丁寧に行い対象者との証言の妥当性が得られるよう努めた（松村 2010）。

　本研究は、調査当時に筆者が在籍していた日本福祉教育専門学校において研究申請し、①福祉施設と本務との関係で利害関係が発生しないこと②勤務先（日本福祉教育専門学校精神保健福祉士養成学科）と所属大学（大阪大学大学院）の連絡先2ケ所を契約書に標記すること③勤務に弊害が起きないよう調査の日程調整をすることの3点注意事項で受理された。（日本福祉教育専門学校1号 2010 年 3 月 1 日）。臨床的な倫理配慮に関しては、筆者が所属している「日本社会精神医学会の倫理規定」に沿い対象者には、書面で研究の趣旨・方法を説明し同意を得て面接した。録音は許可を得て行い、秘密を厳守し個人データのとり扱いに留意した。

---

[36] 1.東部地域とは、千代田区、中央区、文京区、台東区、墨田区、江東区、豊島区、北区、荒川区、板橋区、足立区、葛飾区、江戸川区、および島、2.西部地域とは、港区、新宿区、品川区、目黒区、大田区、世田谷区、渋谷区、中野区、杉並区、練馬区、3.多摩地域とは、八王子、武蔵野市、三鷹市、青梅市、府中市、調布市、町田市、小金井市、東村山市、国分寺、西東京市、狛江市、福生市、東大和市、清瀬市、羽村市、あきるの市、瑞穂市、檜の原村、日の出町を含んでいる。

6.3 対象者の概要

調査の対象者の基本情報は下記の通りである。

年齢　　　　　30 歳以下 7（10.0%），31-50 歳 45（64.3%），51 歳以上 18（25.7%）

　　　　　　　　（平均 44 歳）

性別　　　　　男性　44（62.8%）　　女性 26（37.1%）

結婚　　　　　していない　67（95.7%）　　　　している　3（4.3%）

家族の有無　なし　7（10%）　　　　　　　あり　63（90%）

生活状況　　単身 39（55.7%）　　　　　　同居　31（44.2%）

罹患期間　　10 年未満 16（22.8%）　　　　10 年以上　54（77.1%）

経済基盤　　生活保護　28（40%）　　　　　年金他　42（60%）

住所地域　　中部 23（32.9%）東部 27（38.6%）　多摩 20（28.6%）

　2011 年度の厚生労働省「精神保健福祉資料」記載の精神科デイケアを利用する統合失調症等の患者についての統計データをみると、男女比は 64：36 、年齢については 40 代後半が平均と推定される。年齢性別に関してはおおむね地域に居住する統合失調症患者の一般像に近いと考える。質問項目は、主として医療、行政、地域資源、家族と自己イメージに関連する。以下では、これらの項目に関する対象者の回答についてまず考察する。

6.4　当事者が認識している地域資源について

入院治療から現在の外来治療まで医師の治療は頼りになる資源ですか	ならない	16(22.9%)	なる	54(77.1%)
病院での病棟の環境は貴方にとって居心地のよい場所でしたか	悪かった	67(95.7%)	良かった	3(4.3%)
医師から貴方の病の説明をうけていますか(統合失調症)	あり	57(81.4%)	不明	13(18.5%)
主治医の変更回数	1〜3 回	39(55.7%)	4 回以上	31(44.2%)
精神医療以外の病があり、一般科の医療を受診していますか	なし	50(71.4%)	あり	20(28.6%)
精神科入院の回数	0〜4 回	53(81.4%)	5 回以上	17(24.2%)

　治療に関して医師に対する信頼はあるが、入院経験を肯定的に評価する人はほとんどなかった。病気の説明については一部に説明を受けたかどうか不明な人があった。主治医の変更が4回以上ある当事者が4割を超える点は、統合失調症患者の退院後の地域での医療管理という点からは望ましいとはいえないだろう。また、人退院をくり返す人も一定程度存在し、医療機関との関係は地域での生活においても重要な位置を占めていると言える。

制度活用に関して相談する公共窓口は頼りになる資源ですか	ならない	60(85.7%)	なる	10(14.3%)
具合が悪くなったときに「東京都精神科救急」窓口は頼りになりますか	ならない	59(84.3%)	なる	11(15.7%)
現在一番活用している地域資源は頼りになりますか	ならない	52(74.3%)	なる	18(25.7%)
地域での生活の環境は貴方にとって居心地のよい場所ですか	悪い	67(95.7%)	良い	3(4.3%)

　他方では、地域における制度活用や行政の窓口については、信頼感はきわめて低かった。すべての項目について信頼がないとする回答が多数を占めた。病棟での生活への評価は低かったが、しかし地域における現在の生活についても同様の評価である。地域におけるケア体制がうまく機能しているようには見えない。

自分で新たに開拓した資源を専門家に報告しましたか	伝えない	55(78.6%)	伝える	15(21.4%)
家族は、貴方の病・障害を理解してくれていますか	ない	40(57.1%)	ある	30(42.9%)
今の毎日の生活を幸福と感じていますか	ない	53(75.7%)	ある	17(24.3%)
将来の地域生活に希望を持っていますか	ない	49(70%)	ある	21(30%)
自己肯定感の獲得の有無	低い	62(88.6%)	高い	8(11.4%)

地域で提供される資源についての評価は低かったが、自らが獲得した資源については医師やケースワーカーなどの専門家には伝えないという人が多い。精神疾患において、当事者とその支援者が必ずしも一体ではないということを示すものと考えられる。また、地域での生活を居心地がよいと回答した人はきわめて少なかったが、幸福や希望を感じる人はそれよりも多い。こうした人にとって、地域や医療が提供する資源以外のものに希望や幸福を見いだしているように見える。

　なお、幸福、希望、自己肯定感については、表 20 でわかるように地域資源に関する信頼感が影響している。「地域」に関する各変数について 2 カテゴリー×2 カテゴリーの結果に対しカイ二乗検定を実施したところ、P 値は下記の変数の組み合わせは 0.5 以下で有意であった。よって地域に暮らす精神障がい者の幸福感、希望、自己肯定感に影響する変数は「地域」であるといえよう。尚、他の変数は「幸福」「希望」「自己肯定感」に関連は見られなかった。

表 20　地域に関する検定の結果

	毎日の生活を幸福と感じている	毎日の生活を幸福と感じていない		
現在の地域資源は頼りにならない	45	6	カイ二乗	12.882
現在の地域資源は頼りになる	7	10	P値	0.0003**

	将来の生活に希望を持っている	将来の生活に希望を持っていない		
現在の地域資源は頼りにならない	11	41	カイ二乗	7.5356
現在の地域資源は頼りになる	10	8	P値	0.0060**

	自己肯定感を高くもっている	自己肯定感を低くもっている		
現在の地域資源は頼りにならない	12	50	カイ二乗	11.485
現在の地域資源は頼りになる	6	2	P値	0.0007**

　なお、病棟での生活と地域での現在の生活について当事者がどのように感じているかにを、以下に 8 人の発言を呈示しよう。下記の 49 歳の男性は、病棟に入院していたとき、鍵のかかる病棟での管理構造に不安があったという。

49 才（男性）

　　開放病棟だから、隣の患者のベッドが見えるわけですよね。そういうのじゃもう、全然もう、自分のエリアというのはない状態でしたね。それはしょうがないです。精神病院っていう性質上かもしれませんけれども、就寝のときは鍵かけられちゃうんですよ。それで、具合が悪くなったらどうしようっていう、そういう不安はありました。

次の 42 才の女性は、病棟に入院していたときの医師の態度が不満だったと述べた。

42 才　（女性）

　　初めて入院したときは、主治医の先生が、その一、あれ何ていったらいいかな、その、偏屈で、病名も言わないし、何で入院させているかってことも言わないし、なぜこういった薬飲ませるのかってことも言わないし、何の説明もしないんですね。それが嫌でした。

　　また。病棟に入院していたときの面会についての意見もあった。法律上では、入院中の面会・通信は自由ということになっており、その旨を口頭、文書で示すことになっている。制限があったとしてもそれは、最低限にしなければなららない。（精神保健福祉法第３７条）しかし、下記の 35 才の女性は、医師から説明を受けていなかったのだろうか。友人との再会が出来なかったようだ。

35 才（女性）

　　わたしが統合失調症だって知ったら、離れていった友達もいたし、もう他にいなかったんですよね、頼る人が。わたしには、入院中も来てくれる人がいなかったんですよ。でも、友人に電話したら、高校のお友達が来てくれたらしいんですけど、病棟で「許可された人じゃなきゃだめなんで」っていって、追い返されちゃったらしいんですよ。で、それを後で友人から電話で聞いてがっかりしました。

　　また、精神科病院の劣悪な環境を 38 才男性は負の記憶として語った。

38 才　（男性）

　　1 回めの病院、ほんと絵にかいたような、もう昭和 40 年代の古いタイプの病院で、もう鉄格子バーッとあって。人がもう、なんだかいっぱいわんさかいて、飯はひどいは、で、トイレはかぎ施錠できなくて、入り口んとこにトイレットペーパーあって、畳部屋でもう人がガーッと入っててひどかったですよ。

さらに、本稿で取り上げてきた「退院」の許可はきわめて偶然の産物である。次の 62
才の方が下記のように自分の経験を語った。

62 才（男性）

　ほんとの話だけどね、結局ね、院長は出さない主義。ところが、院長の上の、大先生
っていってね、院長のおじいさんがいてね、おじいさんがたまにね、来るんですよ、
あの、その、息子がやってるからね。ちょうどそんときね、院長先生がね、奥さんと
旅行行っていなかった。で、いないから、おじいさんが留守番に来たわけ。留守番に
来たときに、私の親が面会に来た。そしたら、おじいさんがね、「この人外来で薬取
りに来るぐらいで大丈夫ですよ。なんで居るの？」ってね、それで１７年居た開放病
棟から退院できた。だから……。偶然だよね。それでもしても院長が奥さんと旅行に
行ってなかったら、もうまだそこにいるかも……。せっかくだから長生きしたいよ。

　長期の入院は、前に記したように施設症の心理的状況を生む。下記の 60 才男性は、退院
できたことだけを良しとし、今では、希望を持つことを諦めていた。

60 才　男性

　病院じゃ、のんびりしてたら、他の人に抜かれちゃうっていうんで。だから、積極的
に院外作業とか、病院から外に、あの、アルバイトに行くとか、食事をして、夕方帰
ってきて食事してと、そういう仕事をしていました。大事なのは、医師からではなく、
患者同士の情報です、「働かないと出れないよ」っていう情報です。だから、病気が
治っても、退院したいけれども、時期が悪いとか、兄嫁が反対するとか、家庭環境が
変わってしまい、退院できない人もたくさんいます。彼らは、薬飲めば生活できそう
だなと思うんですけれども、20 年、30 年、40 年、そういう知り合いの人がいまだに
入院しています。だから私は、出れただけでもいいと。これ以上望まないです。家族
は入退院を繰り返しているときに「もう堪忍してほしい」っつって、40 歳のときに
縁を切られました。だから、20 年間会ってない。妹も声も聞いてなければ、会って
もいません。

　しかし、一方で何度も入退院しながらも、地域でリーダーシップを取っている人もおら

れた。次の 45 才男性は、地域の施設内で当事者グループのリーダーをしていた。「一番ひどいときを知っている」支援者と医師の存在が、彼をエンパワメントさせ、下記のように「レットイットビー」と語り、精神的安定を与えているようにみえた。そして、地域の支援者の給料まで心配していた。

45 才　　男性

何十回ってありますよ。保護室の経験もあるし、病院もあっちこっち行った。し。「中部センターに行きなさい」なんて言われたことあったけど、行ってみたら暗い雰囲気で、工場みたい。ま、とってもあんなとこ行けねえと思って。ちょっと働いちゃ辞め、ちょっと働いちゃ辞めの繰り返し。でも妻と医者のお蔭です。何度も離婚して復縁している。彼らは、自分の一番ひどい時を知っていてくれるからね。まぁレットイットビーだよ。でも病院とかに比べると、地域の福祉の人の給料は安いから。「俺はこんだけしかもらってないんだから、これだけの働きしかしないよ」って職員は困る。とばっちりが患者に来るんだよ。どうにかしてくれよ。

また、性別の差は、あくまで印象でしかないが、男性は「仕事をしてない＝社会人ではない」という語りが随所に見られた。下記の 47 才男性も「社会人」という言葉を使った。また、医師やコメディカルの様相をつぶさに観察をし、下記のように「権限、因習」という語を用いて下記のように語った。

47 才　　（男性）

そうそう。みんなもう生活圏ができあがっていますからね

仕事をしていないという時点で一般の社会人とみなされないというのがままありますから。

保健師はさ、地区担当はいるけどさ、当たり外れがあるからさ。カウンセラーも、ね、一定の臨床に現場に身を置いて来ていない経験も知識もない人がカウンセリングをしている場合がままありますから。そういうことがあるので難しいですね。私が平素、常日頃、如実に感じているのは、肉親からの精神的ケアを得られる人と得られない人の差がありすぎる、ということ、うーんそういうのを感じますね。人間は、衣食住を確保するためではなく、そういう部分での個々の痒いところに手が届くものが必要で

す。病院では、DR を頂点とするヒエラルキーというか、結局コメディカルスタッフが相当程度、虚心坦懐に物を語ったとしてもそれを言ったところで最終的に権限を握っているのは医者だと、動かしがたい因習を感じましたね。サービスは、何がその人に有益なのか。自分にとって有益がどうかセルフで察知していく力がね。個人か集団セラピーがいいのか、集団セラピーも 100 人登録していますみたいな世界ところもあるからね、本当に人、それそれだからね。

　以上の語りと共に、「病院」と「地域」に対する当事者の主観的印象の全体を対比的にみてみよう。対比してみると、70 人それぞれの捉え方が浮き彫りになる。病院から地域へ、というスローガンの内実をみてみると彼らには、病院も地域もまだ心地よい場、環境になっていないようだ。なお、病棟での生活と地域での現在の生活について当事者がどのように感じているか、面接での 70 人全員の発言を下記の表 21 にまとめた

表 21 病院」と「地域」に対する当事者の主観的印象（全員）

精神病院とはどんな場だったか	地域で今考えていること（世間への違和感など）
なし。近寄りたくない	緊張すると振るえがくる
匂いと、教授回診が嫌だった。意味ないことしているよ。	常に場に慣れない
なし。家庭生活できる統合失調だよ、っていわれた。	大学病院から追い出された
親に辛い目に合わせてきてしまった	弟が出世して、差をつけられてた
鉄格子で辛い。他は記憶なし	気が狂ったと思われ、田舎の友人が離れた
辛いところでしかない。	CD シヨップなくなり、時代についていけない
上から目線の職員ばかり	心のケアといいながら、実は学校で誤診されている人が多い

良くない。私がやる事に看護師は関心ない。	休日は、家にこもっているからわからない。
古い病棟は汚くで嫌だった	携帯がつかえない。子供に馬鹿にされる
悪魔。人を殺めた人もいる。そこで歯を失った	近しい親戚が悪口をいっているような妄想がある
マイクで看護師が呼ぶのが、マメでない感じで嫌。	沖縄に帰ってしまったN看護師さんしか自分を理解してくれない
ある種の束縛が蔓延していて、料理もまずいしあってなきが如きもの	職業訓練をしても、職もなく結局低い工賃のところに居るだけ
やっぱり、最初の日赤の内科を信用します	もう年だからね。彼が1人いれば十分です
離れたいけど、仕方なく行っている	自分の説を誰も聞いてくれない、都会の建物はヤバイ。
入院は絶対にしたくない	もともと「あー」と見ているだけ。人や世間についていけない
インフォームドコンセントがない、怖くて下着のまま脱走したことがある	お金の管理が出来ないくて、今でも母に全面的に頼っている
閉鎖病棟の鍵が嫌。せっかく来てくれた友人を看護師さんが帰してしまった	「仕事に行く」と世間体で言うために、この施設にきている
思いだしたくない、職員はいい人と悪い人と半分半分。話を聞かない人は困る	小さい頃から行っている公民館しか行けない
高い入院料のところはそれなり。厳しいワーカーと意見を交わせたのは良い	具合が悪くなると暴れてしまう。困ったものである
婦長さんが、2時間話しを聞いてくれた	自分の状況と似ている人がいないから、友人は減る
長い入院を3回した。思い出したくない	一生この病を背負うこと、人にはわからない
畳の部屋で、はっきりいってお粗末	スタッフの言うことが理解できないメンバーを見るとイライラする
食事がまずい。二度と入りたくない	「ご家族は」ときかれると家族は、説明できないらしい

甘えがひどくなる。看護師が整理整頓とかうるさい。	同じアパートの人が、どんな目でみているのか心配
衣装ケースとじっとみていて、盗られそうだった。嫌な体験	結婚していたけど、病になって離婚した
もっと、いいアドバイスができないものかな、と思う。断固入院は断る	結婚ができない
社会的危険分子の隔離・収容施設と思った	技術や速度が必要な職場から、そもそも求められない人間になった
怖い	もうなんかうっとうしいんですよ、リア充の若者を見せられるとね。
就寝のときの鍵。それで具合が悪くなったらどうするつもりなのか。	何、何かの犠牲になってるような被害者意識があります
便通と食欲と睡眠と、あと不安とかありますか、だけ聞かれる場	工賃が4000円～10000円で、非常に低いこと
病について聞ける場でなかった。自分が焦りながら過ごしていた	何もかもが早い。便利すぎて、自分でやることを残しておきたい
20代をとられてしまった	「それって社会だから当たり前だよ」ってバイト先で叱られる
寝れてなくても、「寝れてる？」とか聞かれ、思わず反射的に「はい」と	夫が自分のつくる料理をいつも捨てていたことを知った。
看護婦さんが、呼び捨てにしてくれるのが嬉しい、夜にカルピスくれた	精神病だって分かった瞬間に、気違いとはつきあいたくないと言われる
たまたま院長の父が代診して、なんで居るの？と聞かれ、17年めして出れた	仕事に就くとき、過去の経歴を気にせず採用した人は1人しかいなかった
入る病院ごとに規則が多くてうんざりした	自分は、刑務所帰りの人でも友人でいられるけど普通は拒むでしょうね
病院の人より、ダンスの仲間のほうが「薬のめばフツー」と親身だった	世の中のリズムとの違い、フィーrングが違うと思うようにしてる
必要のないものを沢山買わされた（トイレットペー	バイトに挑戦しても、すぐにクビになってし

パーとか）	まう
自分は仕事、仕事で来てるんだからみたいな感じで雑なNSが多い	山田花子が結婚がしたことに驚いた、自分も出来るかな、と。
人間関係を学ぶことが俺の中では重要に思えて、それに使う場	こういう所でも動じなくなる世間の流れに反応しないようにしたい
誉めてくれないところ	バイト先の人間関係が悩み、上手くいったことがない
忙しすぎる看護師、薬より話しを聞いてほしい	いい加減な人はならない病、大事な病ということを啓蒙したい
共通の認識がない。上の人からの指示で動いてる。拘束衣ひどい	働くことを考えなければとおもうけど、年齢もあるし漠然と不安
どういうしくみがわかんなかった、10年いたけど、院内表示→を頼りに歩いていただけ	今グループホームだから、いずれ出る
助けてもらった分もあるから言いづらいけど、しょうもない場所	何もかも、子供のゲームとか何がそんなに面白いのかって
例えば、「世間では口を固くする」とか,生きかたを教えて欲しかった	世の中のことがわからないの
薬のむときもね、こうやって「あーん」つってもう動物扱いですよ。	年齢的にね、清掃とか皿洗いしかないんですよね、仕事が
医療に求めすぎといわれる。病院の都合なのにDr shopping であると。	友人ができない。世の中についていけないからテレビも観ない
自分の基礎が、できてないからといわれ続けた	世の中の人は働いているのに、透明になる恐怖。抜け出したい。
人の言うことを悪くとらえるから、カウンセリングはなしといわれた。なので、暇だった	資格の本を読んでいるが、ハードルが高い
自分より、親を優先して嫌だった、田舎に送られたときは最悪	どこまで、自分のことを考えてくれるのか。人が替わりすぎ。
女子病棟で、楽しくやっていた。	あまり感じない　わからない

退院するときに幾らかかるとか、生活の知識を教えて欲しかった	政治家が決めたこと。自立の法律。あれがついていけない
思い出したくない	ドラマをテレビでみても、何のことかわからない
鍵がかかるので嫌だった。嫌で仕方なくで先生に言った	自分は、20歳以上離れた異性がいなければ精神的に生活できない
別に病院でなくてもよかった、家族から離れるためだから	35をすぎて、就職どうすんの？と親がギャンギャン言う
（病院関係者）は何かが染みついてるんじゃないですかねえ「独特の接し方」	なじまない精神科、でも必要という違和感をずっともっている
夜9時になると電気消されちゃうの。家のほうがずっといい。	８０の母と２人生活　施設と家と近所のスーパーしか知らない
同室に変な奴がいたら、休まらない	仕事が出来ないからだけど、スローで。職業そのものがない
職員が話をきかない	電子関係の仕事をしていて、リストラにあった
働くなというのに、年金の文書をこんなの下らないと書いてくれない	世の中が怖いんですよ、週５なんて働けない。国保の保険料が高い
1年通うと「みえる」と先輩患者に。デイケアの限界が見えたとき退院へ	ファッションとかの情報はまるでわからないですよ。
入院が長いとね、話す内容が病院の話題しかできなくなる	退院しても、おやつの時間だ、と病院の日課を意識してしまう
頭のおかしい人だから、と平気でいう看護がうようよいるよ。	しょっぱい世の中にしたのは誰だい！と叫びたい。アパートを借りれない
あれほど、パンフレットと違う病院とはね。だまされた。	野球したいけれど、相手がいない
薬を飲まないと入院よ、という脅しが怖くてますます不信になった	大学にいきたい。スポーツのトレーナー、その方法がわからない

かかわりたくない	人にいわれたのではなく、自分でついていけないとおもう
閉鎖では、テレビとマージャンだけで便秘になって具合が悪くなった	わかんない。人のいうままに通っている
真面目な人は過剰に責任感が強く、その反対はルーティンの人しかいない	仕事していないという時点で一般の社会人とみなされないでしょ
トンチンカンな人ばかりで嫌だったけど、退院の時はNSが見送ってくれた	妹の結婚の手前、自分が病気だと角がたつ。

6.5　生態学地図（エコマップ）からみた統合失調症をもつ人の特徴

　「居心地」とは、なんとなくよい日もあれば、悪い日もあり、質問調査では限界である。そこで、質問紙調査の後で、生態学地図（エコマップ）という手法を用いた質的調査の追加調査を行った。1975年にアン・ハートマンによって考案された（Hartman 1978）。理論は、フォン・ベルタランフィの一般システム論である。これは、簡単な鉛筆と紙によるシュミレーションであり、児童福祉の実践についているソーシャルワーカーが評価、援助計画の立案、介入のための道具として開発されたものである。すると、彼らが意図的に専門家の支援に対して僅かな不一致を生成すること、専門家には伝えない秘密を持つこと等の戦略を語り、自由にマップを描いた。次にエコマップから当事者が把握しているネットワークについて考察する。

エコマップに描かれる生活資源の概要

エコマップに描いた資源が5つ以上あるか	なし	18(25.7%)	あり	52(74.3%)
エコマップに描いた資源にキーパーソン（太い線表記）があるか	なし	26(37.1%)	あり	44(62.8%)
エコマップに描いた資源に希薄な関係（点線表記）があるか	なし	43(61.4%)	あり	27(38.5%)
エコマップに描いた資源とストレス関係（××表記）があるか	なし	57(81.4%)	あり	13(18.5%)

　地域で生活する上で当事者がもつ重要な資源は、ほとんどの人で複数あり、たいていはキーパーソンがいる。しかし、あげられた資源について希薄な関係であったり、ストレスとなる関係のものもある。挙げられた資源が必ずしも有効に機能しているとは限らないということを示唆する。

　次にエコマップの特徴と、質問項目への回答から、暫定的に対象者を4グループに分類が可能であると推定した。利用できる資源の数、資源との関係、医師との関係、自己肯定

感を分析の基準にしたところ以下の4つに分類できた。それは、「資源が多いが、そのことが人間関係のストレスになっている。支援を受けるほど周囲に包囲されているという感情を持ちやすい人」「入退院が激しいが、その分医師との関係が深く医療への期待が高い。病棟での生活リズム地域でも同様に行っている人」「資源が多いが、それによるストレスも肯定的に受け止められる。自分なりに資源を工夫し生活を楽しむ人」「退院時に立てたケア計画が固定化し、医療や福祉以外の、資源を持たない人」であった。

　そして、各グループに特にコミットしている上位30人を抽出して、語彙の特徴を抽出した。方法は、エクセル統計とWord Miner®ソフトを使った。下記の表22が代表的な4人のマップと頻回に使った語彙である。エコマップは、個人が特定できないようイラストに編集した。それそれの分析を、エコマップを描いた人の語りと共に提示していこう。

表 22　代表的なエコマップ①〜④と頻回に使われていた語彙

MAP①

資源が多く、人間関係のストレス場面が多い人。周囲に包囲されているという感情を持ちやすい人（10 人）と代表的な語彙

使用言語（優先）

自分/友人/気/保護/薬/よね

MAP ②

入退院が激しいが、その分医師との関係が深く医療への期待が高い。病棟での生活リズ
ム地域でも同様に行っている人（10人）。と代表的な語彙

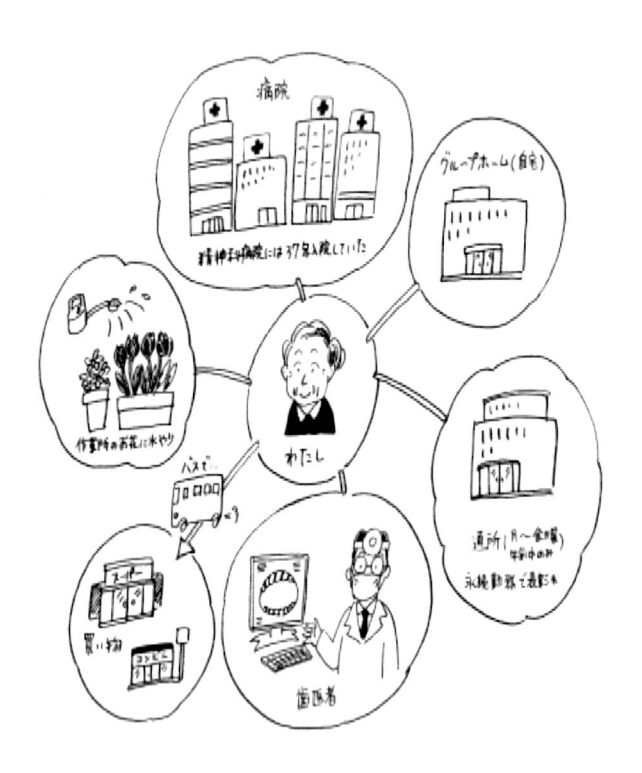

使用言語（優先）

大事/好き/イベント/色々/ 今/職員

【生活モデルのマンネリ化】

　1）の方たちは、資源が多いのに、ネットワークがマンネリになっていることが示唆された。分類基準は（利用できる資源の数が5個以上）という MAP の特徴があった。1）のエコマップを書いて回答していただいた方は、10代の発病で、施設利用者ではベテランになっている。長年施設に通うことで実習生慣れも起きているようである。

　若いときに保健師に支えてもらった私は、運がいいと思ってた。しゅるしゅると友人が出来て1人暮らしもできたし。でも、この施設に新しく入ってくる上から目線の若い職員に毎日気が重いです。所長の跡継ぎがあんなんじゃね。最近の福祉の実習生も指示待ちの人ばかりだし。主治医は、もう何十年のつきあいなんだけど、禿げてきて、「疲れた疲れた」と言ってるから心配で仕方がないんですよ。母には、「昔と違うんだから、がたがた施設でいうんじゃないよ」と言われるんだけどね（①MAP)。

【地域で医学モデル】

　この群は、入退院の頻度が高いが、自己肯定観も高い人たちである。何度でも出てこれた(退院)という自信なのだろうか。自らを「サバイバー」と名乗る人もいた。分析基準は、（医師との関係が良好）という MAP の特徴があった。2）のエコマップに描いた人は、30年余りを病棟で過ごし、退院後は地域で入院している如くの生活で、下記のように述べた。2章では、医学モデルに繋がれたままの症例をマイナスに考察したが、頻回な入退院の人にとっては、医療は安心な資源であることには間違いない。

　病棟にいたときの女子病棟が好きでした。それと同じ生活です。日曜日は、施設が閉まっているので職員さんがいないけど、施設の庭のお花に水をあげに来ています。今も病棟と同じ生活をしています。増えたのは、内科や歯科の病院通いだけ。精神科の先生は、外来で「黙っていたらわかんないよ」といつも言うの。私、黙っているけど先生を信頼しているわ。内緒よ　　（②MAP)

資源が多いが、それによるストレスも肯定的に受け止められる。自分なりに資源を工夫し生活を楽しむ人（4人）。

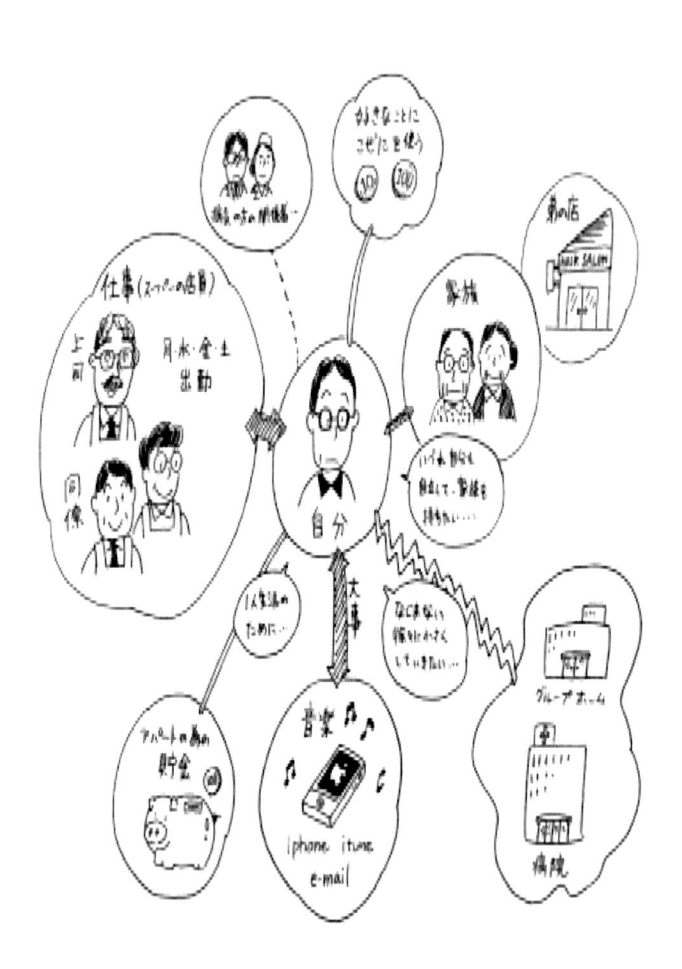

使用言語（優先）

仕事/医療/人生/病院/臨床/医師

MAP　④

退院時に立てたケア計画が固定化し、医療や福祉以外の、新規の資源を持たない人

（6人）

使用言語（優先）

まあ／喫茶店／訓練／施設／親／人間

【自律的な生活モデル】

　永田は、1978年に「下町では、事例化しない風土がある」(永田1976)と述べたが3）の
エコマップを描いた方下町の風土で良い親方的な上司と出会い、ストレスを肯定的に受け
止めていた。統合失調症は、ストレスに脆弱といわれるが、自分で音楽や買い物で精神的
安定をはかっていた（Zubin 1977）。3）の分類基準は、（自己肯定観）である。資源が5
個以上あっても1）の群とは傾向差があり、それはITを駆使して楽しんだり、仕事に意識
が向いたMAPの特徴だった。MAPを書いた人は、下記のようにストレスを肯定的に語っ
た。

　　就労実習で、学習障害の子とペアで組んでやってたんですけども、その子はかなりス
　トレスフルだったので、それで、逆に鍛えられたね。病棟では、人づきあいで嫌な思い
　もあったし、いい思いもあった。でも、仕事はもっと厳しいからね。職場では<u>社長に叱</u>
　<u>られるよ</u>。でも、社会はそういうもんでしょう。つらい時は、同じ病の人同士の集いに
　行っています。100円ショップ等で小銭を使う、音楽をダウンロードして聴くとか、が
　精神安定になりますね。医療の存在観は、だんだん薄れています。将来は、弟のお店を
　手伝うとかかな。やりたいことはありますよ(③MAP)。

【ネットワークの閉鎖性】

　統合失調症のネットワークの特徴は、規模は小さくネットワークそのものの閉鎖性も治
療の対象といわれてきた（Sommer 1969=1972, Pattison 1981）。4）のMAPを描いた人は、
病院では優等生であり成功事例とされる人である。しかし、下記の語りからは、福祉資源
以外の広がりはなく閉鎖性が見られた。

　病院では今でも、定期的に家計簿をワーカーさんにチェックしてもらっています。もう
　7年ですよ。え？ワーカーさんは、イルカみたいにカッコいい男性ですよ。僕は、社会
　に飼われている豚ですね。豚肉は安いし、お世話になっているから自分も豚になってし
　まったんですよ。<u>まだまだ、私生活を訓練させられている。</u>いつ終わることもない・・
　辛いです。あんまり辛いときは夜にこっそりロックを聴いています（④MAP）

6.6　考察

　本稿では、まず質問調査を使って在宅の統合失調症の方の資源への認識を明らかにしようとした。ここに出てきたのは、病院入院中も地域に退院した後も「居心地が良い」がわずか5％であったことである。しかしこの数字を額面通りに解釈することは、彼らの潜在力をディスカウントしてしまいかねないことにも気がついた。例えば、「現実検討能力が障害されている患者は、良いことを認知できないのだろう」という医療者が行いがちな見立てである（平田 2009）。筆者は迂闊にも、統計分析でその視点にはまりそうになったが、生態学地図を用いたインタビューを行い、4つの分類のエコマップの傾向をつかむことが出来た。4つのMAPには、医学モデル、生活モデルの質的な様相が見事に投影していた。その中でも、彼らが語るリカバリーの言説の僅かな存在に気がついた。以下はその論拠である。

6.6.1　「希望」の尊重

　米国精神医学会の治療ガイドラインに記された重要事項に「単剤使用」とともに「希望の尊重」があることは、裏返せば、当事者にとって「希望」がない状態におかれているということだ。統合失調症の再発の抑止力に「希望」が作用しているという知見もある（Condray & Zabin 1992）。では、「希望がない」ということはどんな状況なのだろう。本稿のデータ分析では、70％の人が「希望なし」であった。その内容は「わかんない」「あそんでいるだけ」「どうせ働けない」「世間の素敵な人を見るのは辛い」「病院が辛かったから、これ以上のぞまない」等、何かをしようとする意思がないことであった。しかし、希望にはさまざまな段階があり、濃淡があることがエコマップから示唆された。それは、わずかな光の存在でも「希望がある」という状態なのである。例えば、インタビューの場面で20年以上通所している人に、スタッフは「この人に絵など書けません」と言いインタビューに同席しようとした。ところが、対象者の人は「大丈夫」と小声で答えた。そして、スタッフを拒み、筆者の前に座った後、副作用と思われる震える手で「本」の絵を1つ描いた。これは、この人の唯一の「希望」を見出す物であった。この観察は、治療ガイドラインにある「希望」の尊重のイメージを我々に教えてくれるものである。

6.6.2　「秘密」の語りの意味

　エコマップを描く際に、自分で開拓した資源を書いた人、画用紙には書かず「ないしょよ」と秘密の資源を筆者に教えてくれた人がいた。土居健郎は、統合失調症を病む患者に

対し、自分の秘密を持つように説いたという。統合失調症が秘密に対して脆弱であることは周知のことである。しかし、土居は、「隠す権利」についてのデリダの議論をひき、虚偽能力について論じる段階にきていると述べている。「精神病を患った」という事実は、当人にとって新たな秘密となる。その秘密と上手につきあうことで自己の統一性を維持することができる、つまり、「自分の外と内との均衡を保つことができる」というのだ（土居 2000）。また、ジンメルは「秘密的態度が人の欲望をかりたてる」という（菅野 2003）。「秘密」の、全てを見通せない状態は欲望を無意識に作りだす。もしかすると、その欲望は、彼らの「希望」に火をつけるものではないだろうか。

　では、なぜ今「秘密」を議論にあげる必要があるのか。それは、精神病理学がこれまで統合失調症の言葉がいかに歪んでいるかを記述しすぎたこと。加えて地域連携の名のもとに「秘密」を専門家グループで語る機会が多くなってきたからと考える。たとえば、地域移行、地域定着制度を活用する場合に、幾多の対象者の「秘密」が情報として専門家内で共有される。中井は、「秘密を集団で語ることは厚顔無恥につながりかねない、手垢のついた貨幣の色を帯びるようになる」（中井 2011）と指摘している。「秘密」についての議論をしていくことは、専門家としてのわきまえを喚起することが出来るかもしれない。

6.6.3　まとめと今後の課題

　本論文は「病院から地域へ」という一貫した問題を検討してきたが、今日における統合失調症の「軽症化」傾向が明らかであり、入院治療は近い将来終焉を迎えるだろう、その時に必要なのは、当事者がこの軽症化をいきる言葉を紡ぎだすことである。統合失調症をもつ人が自分自身や世界をどのように眺めているのか、どう表象しているのかを検討していく必要があろう。対象者自身のリカバリーの物語を紡ぎだす行為は自己変容過程における重要な要素であるが、あまり考慮されてこなかった。統合失調症の自尊心について彼らがどう感じているかも関心がもたれてこなかった（Fannon & Hayward 2009）。

　今回の調査では、最後の自己肯定感について、「自分を動物に喩えると何ですか」という質問をし、その理由を聞いた。その結果、「弱く小さな虫」「社会に飼われている豚」などとネガティブな表象が 88.6% であった。良いイメージは「けなげに頑張っているネズミ」という表現であった。その結果、当事者は、自分を小さい動物に捉えているセルフイメージがあることが確認できた。また表 23 のように医師のイメージとの対比では、非対称性であることは明らかである。

　しかし個別の隠喩をコンテクストで見てみると自身の事を「人間はどうせ「猿」」「10 年間病院生活に耐えてきた一匹オオカミ」「唯一の私の話相手だから飼っているリス」「スケープボードの羊」「甘えん坊将軍のあらい熊」等と述べ、医師を「彼は従順でない生き物なので熊」「志向と思考がキツイ狐」「長々と伸び伸びと面倒みてくれるキリン」「なんでも言えるが狸おやじ」「意見書の文章だけ上手な賢い梟「頼れるかな？と思うと「ごめんね忙しいから」とかわされる鯨」等と述べた。これらの豊かな表象内容をみると、動物の大小のみでは語れない。

　稲村は、ボーディン（Borden1992）のクライエントが語る言葉を物語として捕らえる視点（narrative perspective）やヤング（Jong 1995)が「援助過程において自分自身が世界をどのように眺めているかを尊重が重要で（略）科学的なラベルや理論はそれほど重要ではない」と述べたことを紹介し、クライエントの言葉に着目することは、エンパワメントの概念を「クラインエントが自分の、物語を語れるようになることへ」という意味にすると述べている（稲沢 1998)。統合失調症の隠喩についての論議は、統合失調症をもつ人自身の対処行動についての、ファルーン(Falloon 1981)や、タリア(Tarrier 1987)などのここ十数年の報告がある。わが国でも原田による「正体不明の声ワークショップ」の試みが開始されており、これから注目すべき分野であろう（原田 2002)。

　この事から、地域での生活をデザインするには、当事者の感性的ニーズを拾うことの必要性がある。(Bradshaw 1972)。イリイチは、近代の発展論に現れたニーズは「必要でも、欲望でもない」と述べた。発展とは約束であり、新しい科学や技術、政治の力を利用して必要の支配を打ち破るために持ち出されているだけなのである（イリイチ 1996)。本稿の分析にひきつければ、福祉制度からみた「患者ニーズ」を詳細に展開したとしても、「制度にあてはまる生活者としての障がい者」を養成するだけである。それは、④のエコマップを描いた人が「私生活を訓練中」と述べた言葉に如実に現れている。これでは誰の為の支援計画なのかわからない。「福祉化」がソフトな監視になりかねない。その為には、彼らの秘密を守り、感性的ニーズに応答できる地域側の感性と度量が必要になるのではないだろうか。

　しかし、思考と言語機能、自己表象の分析は、まだまだ未開拓の分野である。精神医学の古典の先行研究では、統合失調症の主観は「発病」との兼ね合いがあるという報告もある(Zubin 1977, Chapman 1966)。また、自尊心の低さと幻聴の関係の関連性の指摘もある（Fannon & Hayward 2009)。よって、本稿の当事者の詳細な表象分析は、病理的な知見をふまえて挑戦する別の機会に行いたいと思う。

[CT]				[DR]		
順位	動物イメージ	件数		順位	動物イメージ	件数
1	猫	8		1	生き物	12
2	羊	6		2	ライオン	8
3	猿	5		3	熊	6
4	なし	4		4	象	6
5	ネズミ	4		5	狐	5
6	亀	4		6	パンダ	4
7	うさぎ	3		7	キリン	3
8	生き物	3		8	犬	3
9	豚	3		9	カンガルー	2
10	狼	3		10	牛	2
11	イルカ	2		11	狸	2
12	カエル	2		12	うさぎ	1
13	カバ	2		13	ジャガー	1
14	リス	2		14	フラミンゴ	1
15	熊	2		15	ペンギン	1
16	虎	2		16	猿	1
17	蛇	2		17	鯨	1
18	象	2		18	虎	1
19	鳥	2		19	山羊	1
20	あらい熊	1		20	鹿	1
21	ツバメ	1		21	蛇	1
22	ホタルイカ	1		22	小熊	1
23	ライオン	1		23	生き物でない	1
24	牛	1		24	猫	1
25	犬	1		25	白熊	1
26	黒猫	1		26	羊	1
27	狸	1		27	狼	1
28	馬	1		28	梟	1

動物イメージの分類

カテゴリ	動物イメージ詳細
1_肉食・大きい	カバ、ジャガー、ライオン、熊、鯨、虎、像、白熊
2_草食系	キリン、牛、山羊、鹿、馬、羊
3_愛玩動物	あらい熊、うさぎ、カンガルー、パンダ、ペンギン、リス、犬、小熊、猫
4_知恵・知能	イルカ、猿、狐、黒猫、蛇、狸、オオカミ
5_小さい・弱い	カエル、ネズミ、ホタルイカ、亀、豚
6_鳥類	ツバメ、フラミンゴ、鳥、梟
7_その他	なし、生き物、生き物でない

		行和	DR					
			1_肉食・大きい	2_草食系	3_愛玩動物	4_知恵・知能	6_鳥類	7_その他
	列和	70	24	8	13	10	2	13
CT	1_肉食・大きい	9	5	0	1	3	0	0
	2_草食系	8	3	2	1	2	0	0
	3_愛玩動物	15	8	2	1	1	1	2
	4_知恵・知能	14	4	3	4	1	0	2
	5_小さい・弱い	14	3	1	3	3	1	3
	6_鳥類	3	1	0	1	0	0	1
	7_その他	7	0	0	2	0	0	5

関係性の強さ（網掛けの色の意味）

	関連性が強い。例）CTが「愛玩動物」のとき、DRは「肉食・大きい」
	関連性やや強い
	関連性あり
	負の関連性あり
	負の関連性が強い。 例）CTの「その他」とDRの「肉食・大きい」との関係は弱い

表23　動物のイメージ（カテゴリ）ＣＴクライエント・Ｄｒ医師の関連性

終章　時間の価値をめぐって

　本論文は、「病院から地域へ」という世界的な治療パラダイムの転換の中で、医療者と当事者がどのような問題を抱え、どのようにそれをとらえているのか、また「医学モデルから生活モデル」によって規定されるアプローチがどのように実践されたのかを、専門誌に掲載された困難事例、首都圏の都市型精神科病院の典型的な退院時ケア会議の事例と地域の開業医、および統合失調症の当事者のインタビューの分析から明らかにしようとした。

　分析から明らかになったことは、わが国における地域移行とはきわめて困難な道程であり、国の施策も矛盾に満ちたものであった。だが、病院から地域へ、その臨界に微かに立ち上がる臨床家の志により実践は規定されていくことが理解できたと思う。以下は本稿で明らかにできた論点をまとめたものである。

　まず、第1章では、欧米において先行した精神医療の脱施設化の影響について概観した。米国とイギリスにおける脱施設化後に生じた問題は、ホームレス化、薬物依存の増加、退院後の身体疾患の医療不足、地域における精神保健福祉サービスの不足に集約できた。それと比較し、わが国は自殺の防止策として精神科病院が機能し、そのことが民間病院の経営にもインセンティブとして働いていた。日本の精神科病院の9割が民間病院であることが、さまざまな状況で影響していると推測した。社会的入院の負の側面の提示は、回避されているままである。国は、退院数の数値目標を呈示しては成果が出ない、という繰り返しで、「病院から地域へ」の旗印を言い続けている。同じことを言っているということはそれだけ深まってもなく、解決もしていないこと逆説的に浮き彫りにしている。

　ところが、第2章で取り上げたように、病や障害が政治的背景の変遷によって変化することが示唆された。地域移行行政の「障害者基本計画」や「精神分裂病」から「統合失調症」への病名変更、WHOの国際障害分類の改訂は、病院に勤務する医師に症例に対する診方を変更させた。患者への告知のし直しなどの外圧から精神科における治療構造(Therapeutic structure)はあきらかにこうした外部からの変化の圧力をうけたと推測できる。そして、医師の語る「生活」は「医療あっての生活」という文脈を構成していた。しかし、隔離収容をして患者の社会性を低下させてきた精神科病院が、あっさりと「生活」や「社会」への原点になりうるのだろうか。その違和感に筆者は「福祉を内包した医療」が地域

で進んでいること提示した。圧倒的な予算配分を盾に、表向きは「医療を内包した福祉」といいつつも実は、「福祉を内包した医療」が進行している。具体的には、診療報酬化されたアウトリーチを挙げ、退院したあとの患者は医療に繋がれたままになると述べた。また、若い医師は、理念としてのＩＣＦも理解できていなかった。この様なレベルでは、仮に「本人を治すよりも環境や家族を治した方が良い症例」には、ただ手をこまねいている様子が事例から想像できた。つまり、病院勤務の医師の「生活モデル」への介入は課題が示唆された。しかし、将来、遺伝子解明による医療化が進むとすれば、現在の「統合失調症」も解体され「脳カルボテイストレス病」という病名になるかもしれない（岡崎 2013）。その時は、また医師の語る「生活モデル」も変わり、精神障がい者の法的定義も変わってしまうだろう。

　一方、生活モデルをめぐる問題は、3章での院内での退院ケア会議の分析から各職種が一枚岩になることの難しさを観察できた。この難しさは、退院時ケア会の内容が「慣れること」「わからないこと」「身体病を病むこと」が退院の条件として浮上させ、かつ膨大な時間をかけて診療報酬にならない会議をすることから確認できた。これは患者の「生活」調整にエネルギーが注がれたからである。患者のアパートの隣人関係、友人との貸し借りのトラブル、食事の貧困さ等々である。「生活」とはそんな些細な事が大事であるから、当然ではあるが、医療の中で想像して生活を準備することの難しさも浮き彫りとなった。

　4章では、そこで議論された3事例（いずれも独身・男性・50代のケース）を10年後に追試をしたところ、いずれも継続的なケアから逸脱して不慮の死を遂げていたことがわかった。また、3事例に関わった支援者にインタビューをしたところ、対象者の死を喪失としてではなく、ある主の達成感として語る特徴があった。「そうらしいですね」「私は、やるだけの事はあの時しました」という語りである。死に方は追及しない「暴かない語り」は、社会的ネグレクトの一面もあるのではないかと推測した。その理由は、家族がいれば「失踪届」が出されるが、単身の「行方不明者」は「迷宮入り」として処理されるからである。また、「病院」から「地域へ」の臨界を超えるための医師の視座の変更や長々と費やした会議は、本事例3人のように予定外の事が起きた時には、あっけなく機能しなかったからである。予定外とは、「通所先で喧嘩した、一般病院の看護師から受け入れ拒否にあう、嚥下困難になるものを食べる」などである。つまり、支援者が立てた「ケアプラン」に程よく収まる従順な身体でなくなった時にケアはあっけなく機能しなくなっていた。

　となれば、地域の医師は再発をなるべく見つけないスタンスなのだろうか。5章での地

域に出て開業をした医師の語りに、その語り方を発見した。「もう治るとか治らないとかやめようよ」がそれである。一般の人が聞いたら、違和感に思うであろう語りであるが、これは中年期を過ぎた医師の患者への親和性故のことであった。また、病院で医師が行ってきたのは、鑑別診断ばかりでその後の地域でのケアがおろそかになっている為、そう述べていたと思われる。病院から出た医師は、地域で暮らす患者を通して「生活」のリアルを知る。そして、病院での管理的治療を振り返り、当の本人の動機づけと医師と信頼関係がなければ、処方の成果は出なかった現実を目の当たりにしていた。さらに、親の介護を淡々としている統合失調症の外来患者の姿に心を打たれていた。医師らは、統合失調症の素朴で純粋な資質に自身が癒されており、地域からの再入院（医療保護入院）が増えている事に関する危機感はなかった。むしろ「ふにゃふにゃした医師になってしまった」自身が狭義の専門性を降りたことに関し精神科医としては悪くはないことだと語った。医師のスタンスは、患者と地域文化の中で共に老い、共に生きていこうというものであった。そして、医師は口ぐちに、「べてるにならないでいい」と述べた。医師は、文化として地域をとらえ、患者を診ていた。「保険のように使ってくだされば」という語りからは、「何かあったら来てください」という待ちの姿勢が主であった。これらの精神科医師の姿勢は、一般医師にも波及していくいかもしれない。わが国に迫る超高齢化は、治らない病を隆盛すると、単純説得療法の「内科モデル」が機能しなくなることが予想されるからである。

　6章では、東京に暮らす70人の当事者に、医療、地域、家族や自己イメージについて尋ねた。地域に移行した当事者たちの生活は、「居心地がよい」とは到底いえず、また、幸福感や希望についても、肯定的な評価をもっているとはいえないと判断できるが、しかし、「生態学地図」を用いて質的なインタビューをしたところ、より複雑な生活の側面を診ることが出来た。彼らが専門家の支援に対してかなりの程度でストレスを感じること、専門家には伝えない「秘密」を持つこと等の特徴が見られた。そして、描いた地図を観察すると、専門職資源はさほど頼りにはなっていないことがわかった。また、自分自身のセルフイメージを「社会に飼われている豚」医師を「草食系の王様のゾウ」などと隠喩を豊かに使う語りが見られた。統合失調症は「秘密」に関して脆弱であることは周知の事である為、当事者が地域で豊かな主観を生成し、リカバリー力を培っていることが示唆された。

　しかしながら、統合失調症という病と障害の特性は、固定化の方向に向かうのでなく、常に時間とともに変動していくと考えられている。かつ、３章で述べたように、健常者と比べて、彼らの平均寿命は健常者と比較すると20年短い。つまり、統合失調症のライフコ

ースは「人生60年」といわれる1947年頃の日本の平均寿命なのである。統合失調症の方の暮らしの再構築に関しての課題解決がいっそう急がれる。

本稿のはじめに、「どの政策と実践が精神障がい者の生きる時間を剥奪しているかを見極めなければならないと考える。なぜなら、時間とは、生活そのものだからである。時間を奪うものは、命を奪うものである。自分の生活そのものをこの不可解な管理下に委ねて良い訳がないのだ」と述べた。ここで、この事を考えてみよう。

本論文は、「病院」から「地域」へと移動する線に沿って分析を進めてきた。また、10年後の追跡調査を行ってわかったことは、しょせん政策の寿命は2，3年であることだ。その手続きと制度への適応にむしろ支援者たちの時間が奪われていた。例えば4章の訪問看護ステーションの所長が「良心的に働きたいけれどタダ働き」というように実践と制度の溝があった。それから、標準化のニーズ評価が地域に持ち込まれると、家族は、これまでの家の中に流れていた時間を不便な空間と認識するようになるのではないだろうか。家族の中での個々の人生の時間軸に自信がもてず、完全に目的論で作られた大きな物語しか信用ができなくなるのではないだろうか。そのひとつが、病院のサービス星印評価やセカンドオピニオンである。確かに、今のわが国の医療費削減の背景やネット社会では、星印評価は支援者側の「せざるをえない時間と行為」である。しかし、そこでは、人の「自由」は無視されてしまうのだ。ポイント制で処理をしていくことは、便利さを持ち込み、何事も使えるか、使えないか、ということに終始してしまう。

では、統合失調症をもつ人の時間はどうだろう。彼らが、病院から地域で出てくるためには、本章で明らかなったポイントを整理すると「入院しても良い、しかし3ケ月で退院し再入院は3ヶ月空けて来ること」「退院に向けたリハビリは可能、しかし医師の了解可能な「生活モデル」で」「退院時ケア会議は開催できる、しかし支援者間で「わからないさ」の膨大な時間をかけた交渉が必要」「地域で単身生活は許可、しかし死のリスクに対処はできない」「地域での診察可能、しかし、医師に「治りたい」とは言わないように」という「まねきつつも拒む」という統合失調症にとつて負の条件といえるダブルバインドの文脈が常に貼りめぐされていた。統合失調症をもつ人は、この「まねきつつも拒む」という病理をどうのり超えていくかが治癒の最大のポイントとなるのだが、本稿でみる限り「病院から地域へ」のシステム自体がダブルバインドになっていることが示唆された。また、困ったことに統合失調症の人自身の持つ時間感覚の障害や底意のなさが、治療者や国の作るシステムとの悪しきこの腐れ縁を強化してしまう事もあるかもしれない。

　現在、疫学的根拠はないが、現在「統合失調症は終焉する」と言われている。おそらく、初発の統合失調症は、脳疾患として精神科病院で薬物投与され、軽症で若年統合失調症は、学校では臨床発達心理士によってスクリーニングされ「発達障害」等となり就労教育が施される。また、高齢化した方は、介護保険施設入所申請で「元統合失調症、軽度認知症」というラベルになるかもしれない。何をもって「統合失調症は終焉する」のかは、甚だ不明だが、D医師が予測したように、社会と統合失調症はだんだんと親和性を帯び、境界があやふやなってきていると思われる。統合失調症の病態にはっきりとした病理のエピソードが出なくなったといわれるが、出しようのない社会になってきているのではないだろうか。

　現在、統合失調症の当事者は自ら「当事者研究」を各地域で行うことで、どう地域で生きていくかについて検討し始めている。社会と統合失調症はだんだんと親和性を帯びていることは、見方を変えれば、彼らが自分の時間のものさしを社会の中で創るチャンスでもある。これまで「社会的入院」を強制されてきた彼らは、今度は「自立推進」で労働力を期待されていることも俯瞰し理解している。彼らは、入口としての病院も出口としての地域も希望の場所ではないと知ったことで、今は権威にはひるまなくなってきている。ダブルバインドを乗り越えるための最大の薬は、「言葉」をもつことか、逃げることだといわれる。彼らが社会から逃げず、共生していけるようになるには、彼らの言葉を実現可能な福祉と繋げ、整えていくことである。そして、彼らが彼らの知恵を社会に届けようとする言葉の力を側面から支援し、地域の力を掘り起こすことが必要であろう。その時、臨床家としてやるべきことは「何が起きているか一緒にみよう」と対話をし、彼らが、医療・福祉・保健のシステムの流れの中でも自分の時間を刻むことを支援することである。さらに、野間が「結局重要なのは、患者がいかに生きているかということに尽きます。精神医療にとって、生命の営みに無関心ではいられない時代となったのかもしれません」（野間 2014）と言っているように、今や精神医療は、身体の課題や看取りの課題に取り組まざるをえないだろう。残念ながら、本論では、これらの問題の解明に寄与できなかったが、これから挑戦していきたい。

謝辞

　この研究を支えてくださった全ての方に心より感謝をこめて御礼申しあげます。

　本論文は、大阪大学大学院に提出した博士論文『病院から地域へ　—統合失調症と医療・生活・社会』(2016) をまとめたものです。大阪大学院博士後期課程在学中の指導教員、山中浩司教授、斉藤弥生教授、檜垣立哉教授に博士論文の査読をしていただきました。

　博論提出までには、お茶の水女子大学院修士課程在学中の指導教員、酒井朗教授（現：上智大学）、目白大学院修士課程在学中の指導教員、上笹恒教授、渋谷昌三教授、筑波大学院研究生在学中の指導教員、斉藤環教授から貴重なアドバイスをいただきました。
多くの尊敬する師の下で学ぶことは私にとってこの上ない喜びでした。ここに感謝申しあげます。

　現場の分析に関しては、財団法人、東京武蔵野病院の医療福祉相談室の皆様、医局の江口重幸先生、林直樹先生にお力添えをいただきました。統合失調症の言葉に関しては、慈雲堂内科病院の医師、村井靖児先生にアドバイスをいただきました。

　なにより私に色々なことを教えてくださった 70 名の当事者の方々、協力してくださった 15 施設の方々、日本福祉教育専門学校の坂野憲司先生（現:帝京科学大学）他、卒業生の協力がいなければこの研究はできませんでした。さらに大学院生と仕事の両立を応援してくれた種智院大学の関係者の方々、本著の絵を担当してくれた漫画家：斎藤綾子さんに心より感謝申しあげます。

　最後に、私を精神保健福祉分野に導いて下さった聖路加国際病院　故篠田知璋先生、見守ってくれた家族に感謝します。

■ 初出一覧　本論文は、以下の報告原稿を加筆修正した。

第1章

【表題】日本の脱施設化はポジティブであるべきか

【キーワード】脱施設化　国際的な動向　WHO　精神科病院

【年度】2015 年　日本保健医療行動科学学会　発表

第2章

【表題】2001〜2013 年の統合失調症の困難事例の変容

　　　　　　　　　　　　　　　　　　　—医師による「事例相談」記事の分析から

【キーワード】医学モデル　生活モデル　困難事例　パラダイム変化

【年度】2016 年　仏教福祉（紀要）　査読中

第3章

【表題】患者を送り出す医師のパフォーマンス

　　　　　　　　　　　　　　　　—退院時ケア会議における交渉とコンサルテーション

【キーワード】退院時ケア会議　交渉

【年度】2013 年　仏教福祉（紀要）

【表題】地域での看取りの課題—高齢統合失調症患者3 事例の追跡調査から—

【キーワード】看取り　高齢統合失調症　身体合併症

【年度】2015 年　環境と健康　第 28 巻　第 1 号

第4章

【表題】地域精神保健を担う精神科医は患者から「治癒」の問いかけにどのように応えているのか

　　　　　　　　　　　　　　　　　　　—共に降りていくマスターナラティブ

【キーワード】かかりつけ医　マスターマラティブ　降りていく人生

【年度】2015 年　日本統合失調症学会　発表

第5章

【表題】精神障がい者はつながりの量に何を求めているのか

　　　　　　　　　　　　　　　　　—東京の地域精神保健福祉資源の場合

【キーワード】地域精神医学　数量化3 類　クラスター分析　東京資源

【年度】2015 年　日本社会精神医学会　発表、

【表題】地域を生きる統合失調症患者の主体的目的—自己表象の語りと生態学地図から

【キーワード】自己表象　精神生態学　当事者研究　　秘密

【年度】2015 年　日本精神病理学会　発表

参考文献一覧

■ 欧文文献

Allebeck, P. 1989, Schizophrenia: A Life shortening disease. *Schizophrenia Bulletin,* 15(1): 81-89.

Altrocchi, J & Spielberger, C., 1965, Mental Health Consultation with groups. *Community Mental Health Journal*, 1: 127-134.

Andreasen, N. & Carpenter ,W., 2005, Remission in schizophrenia: proposed criteria and rational for consensus. *American Journal Psychiatry*, 162: 441-449

Angermeyer, M&Schulze,B,2003.,Subject experiences of stigma. A focus group study of Schizophrenic patients, their　relatives and mental health professionals .*Social Science Medicine*,56;299-312.

Angermeyer, M. & Buyantugs, L., 2004, Effects of labelling on public attitudes towards people with schizophrenia are there cultural differences? *Acta Psychiatrica Secandinavica,* 109: 420-425.

Anthony, W. 2002, *Psychiatric Rehabilitation,2*[nd] ,Boston, MA: Boston University, Center for Psychiatric Rehabilitation.

Aquila, R. & Weiden, P., 1999, Compliance and rehabilitation alliance. *The Journal of clinical psychiatry*, 60: 23-27.

Bachrach, L. 1996, *Deinstitutionalization*, promises, and prospects in Mental Health Service Evaluation. Cambridge, England. Cambridge University Press, 3-18.

Bandler, L. 1963, Some aspect of ego growth though sublimation, Ego-oriented Case work, 27-44.

Bleuler, M. 1972, *The schizophrenia Disorders* : long-term patient and Family Studie London, Yale University Press.

Borden,W.1992, Narrative perspectives in psychosocial intervention following adverse life events. *Social Work*,37:135-141.

Burns, B, & Santos, 1995, Assertive community treatment : an update randomized trials. *Psychiatric Services*, 46: 669-675.

Bradshaw, J. 1972 *A taxonomy of social need*. Problems and progress in medical care, Oxford University Press.

Brekke, J. & Prindle.,C. 2001, Risk for individuals with schizophrenia who are living in the community. *Psychiatric Services,* 52: 1358-1366.

Brown , A. 1984, *Consultation* : an Aid to Successful Social Work Community Care Practice Handbook.

Brown, S. & Kim., M, 2010, Twenty-five year mortality of a community cohort with schizophrenia, *British Journal Psychiatry,* 196:116-121.

Bruner,S.1986、*Actual Mind Possible Words*. Harvard University Press.(=田中一彦　訳（1986）『可能世界の心理』みすず書房)

Byerly, M. & Fishe., R, 2005, A comparison of electronic monitoring vs. clinician rating of antipsychotic adherence in outpatients with schizophrenia. *Psychiatry Research,* 133: 129-133.

Caplan, G. 1974, *Support Systems and Community Mental Health.* Behavioral Publications NewYork.

――――1995, Types of Mental Health Consultation . *Journal of Educational and Psychological Consultation,* 6: 7-21.

Care management and assessment practitioners Guide.(=白澤政和・広井良典訳（1997）『ケアネジャー実践ガイド』医学書院).

Chapman, J. 1966, The Early Symptoms of Schizophrenia, *Journal of Psychiatry,* 112: 23-251.

Ciompi, L. 1989, The dynamics of complex biological-psychosocial systems: Four fundamental psycho-biological mediators in the long-term evolution of schizophrenia. *The British Journal Psychiatry,* 155: 15-21

Cohen, C. & Vahia, I., 2008, Schizophrenia in Later Life: Clinical Symptoms and Social Well-being. *Psychiatric Service,* 59: 232-234.

Cohen, H. 1961, The Evolution of the Concept of disease. *Concept of Medicine*: 59-169.

Compton, W. & Guze, S., 1995, neo- Kraepelinian revolution in psychiatric diagnosis. European Archives of Psychiatry and Clinical Neuroscience.245: 196-201.

Condray, S. & Zabin, J., 1992, Vulnerability to Relapse in Schizophrenia. *The British Journal Psychiatry,* 166: 13-18

Cook, J. & Wright, E., 1995, Medical sociology and the study of severe mental illness: reflection on past accomplishment and directions for future research. *Journal of Health and Social* Behavior, 95-114.

Corrigan, P. 2006, Recovery from schizophrenia and the role of evidence-based psychosocial interventions. *Expert review of neurotherapeutics,* 6-7: 933-1004.

Deegan, E. 1988, Recovery : The lived experience of rehabilitation. *Psycho social Rehabilitation Journal*, 11: 11-10.

De Jong & Mille,S.,1995,How to interview for client strengths. *Social Work*,40:729-736.

Discharge Planning for Adult Community Mental Health Services. 2002, Office of the Chief Psychiatrist's Guideline.

Dixon, L. & Perkins, D., 2009, Practice Guideline for the Treatment of Patients with Schizophrenia. APA Practice Guidelines.

Drew, P. & Sorijonen, M., 1997, Institutional dialogue. *Discourse as social interaction,* 2: 92-118.

Fannon, D. & Hayward, P., 2009, the self or voice? Relative contributions of self-esteem and voice appraisal in persistent auditory hallucinations. *Schizophrenia Research,* 112: 174-180.

Falloon, I. 1981, Persistent auditory hallucinations: coping mechanisms and implications for management .*Psychological Medicine*, 11: 329-339.

Forchuk, C. & Matin, M., 2002, Therapeutic relationships: hospital to community. *Journal of psychiatric and mental health nursing,* 12-5: 556-564.

Gaite, L. & Vazquez-Barquero, L., 2005, Main determinants of global assessment of functioning score in Schizophrenia: A European multicenter study. *Comprehensive Psychiatry,* 46:440-446.

Gibb, J. 1959, The role of the consultant .*Journal of Social Issues,* 15: 1-5.

Gitterman, A. & Germain, C., 1976, *Social Work Practice: A life Model*, Chicago University, 601-610.

Glickman, L. 1980, *Psychiatric consultation in the general hospital,* New York. （=1983 荒木志郎・柴田史郎・西浦研志監訳『精神科コンサルテーションの技術』岩崎学術出版社、東京.）

Goldberg, A. 1989, A Shared View of The World. *The International Journal of Psychoanalysis*, 70-1: 16-20.

Grob, G., 2008, Mental health policy in the liberal state: The example of the United States. *International Journal of Law and Psychiatry*, 31: 89-100.

Harding, C.& Brooks, G., 1987, The Vermont longitudinal study of persons with severe mental illness,1 ; Methodology, study sample, and overall illness 32 years later. *American Journal of Psychiatry*, 144: 718-726.

Harding, C. & Brooks, G., 1987, The Vermont longitudinal study of persons with severe mental illness, 2; Long-term outcome of subjects who retrospectively met DSM□ criteria for schizophrenia. *American Journal of Psychiatry*, 144: 727-735.

Harrow, M., & Jobe, T., 2012 , Do all schizophrenia patients need antipsychotic treatment continuously throughout their lifetime?A20-year longitudinal study .*Psychological Medicine.* 42: 2145-2155.

Hartman, A. 1978, Diagrammatic Assessment of Family Relationship. *Social case work*, 59:467.

Healy, D, & Harris, M., 2006, Lifetime suicide rates in treated schizophrenia: 1875-1924 and 1994-1998 cohorts compared. *The British Journal of Psychiatry*, 188: 223-228.

Hudson, B, 1991, Deinstitutionalization. what went wrong? *Disability, Handicap & Society,* 6: 1(= 久保美紀訳,『同志社大学社会福祉学論集』)

Jaste, D., & Twamley.E., 2003, Aging outcome in schizophrenia. *Acta psychiatryscand:* 103: 336-343.

Jorm., A. 2000, Mental health literacy. *British Journal of Psychiatry*, 177: 396-401.

Joukamaa, M. & Haliovaara, M., 2006, Schizophrenia neuroleptic medication and mortality. *British Journal of Psychiatry,* 188: 122-127.

Kiviniemi ,M . & Suvisaari, j., 2010, Regional differences in five –year mortality after a first episode of schizophrenia in Finland. *Psychiatric services,* 61: 272-279.

Kleinman, L. & Flood, E., 精神分裂病における QOL 評価,2001, （＝徳山まどか、武田雅俊訳 Schizophrenia Frontier 2: 55).

Lamb, R. 2001, Deinstitutionalization at the beginning of the new millennium. *New Direction for Mental Health Services*, 90: 3-20.

Lazare , A. 1973, Hideen concept model in clinical psychiatry. *New England Journal of Medicine*, 238: 345-331.

Leandra, M. 2007, Transition to community: A program to help clients with schizophrenia move from inpatient to community care: A pilot study. *Archives of Psychiatric Nursing*, 21: 336-344.

Mechanic, D. & Rochefort, D., 1992, Policy of inclusion for the mentally ill. *Health Affairs*, 11: 128-150.

Meyer, A. 1948, The Life chart in. The commonsense psychiatry of Dr, Adolf Meyer. McGrow-Hill: 418-422.

Novella, J.2010, Mental Health Care in the Aftermath of Deinstitutionalization: A Retrospective and Prospective View. *Health Care Anal,* 18: 222-238.

Oshima, I. & Mino, Y., 2007, How many long-stay schizophrenia patients can be discharged in Japan? . *Psychiatry and Clinical Neuroscience*, 61: 71-77.

Olfson, M. & Mechanic, D., 1998, Linking inpatients with schizophrenia to outpatient care. *Psychiatric Services*, 49: 911-918.

OECD, Health Data 2008

OECD,2014,Focus on Health Making Mental Count ©.

http://www.oecd.org/els/health-systems/Focus-on-Health-Making-Mental-Health-Count.pdf

Pattison, E. 1981, Analysis of schizophrenic psychosocial network. *Schizophrenia Bulletin*, 7: 135.

Petrila, P, 1992, Confidentiality and the family as caregiver .*Hospital and Community Psychiatry,* 43-2: 136-139.

Romme, D. & Marius, J., 1989, Hearing Voice, *Schizophrenia Bulletin*, 15: 209-216.

Saha, S.& Chant,D., 2007, A systematic review of mortality in schizophrenia : is the Differential mortality gap worsening over time? , *Arch gen psychiatry, 64*: 1123-1131.

Saba,D&Levit,K.,2008、A Hospital stays related to mental health..

http://www.hcup-us.ahrq.gov/reports/statbriefs/sb62.pdf

Sullivan,H,S.,1953、The Psychiatric Interview .

(=1986「精神医学的面接」中井 久夫 訳 みすず書房)

Schein, E.1999, Process consultation revisited: building the helping relationship.

（http://ddf.websolutionsofne.netdna-cdn.com/documents/Edgar%20Schein%20Article.pdf）

Sommer, R.1969.Personal space, The Behavioral basis of design.

(=1972「人間の空間 デザインの行動的研究」 穐山 貞登訳 鹿島出版社)

Summers, N. 2009, Fundamentals of case management practice skills for the human serves. Human Services Issues 210.

Silverstein, M & William,D.2006, Schizophrenia :Advances in Psychotherapy :Evidence-baced

Practice Series.(=2014「統合失調症」エビデンスベイスト心理療法シリーズ、岸本年史 監訳、金剛出版)

Tansella, M. & Thornicroft, G., 2000, Balancing community-based and hospital-based *Mental health care*. The new agenda, Geneva, World Health Organization.

———— 1999, *The mental Health matrix : a manual to improve services.* Cambridge University

Press.

Tarrier, N. 1987, An investigation of residual psychotic symptom in discharged schizophrenic patients. *British Journal of Psychiatry,* 26: 141-143.

Thomas, C., 2002, *Disability Theory* : Key Ideas ,disability studies today. Cambridge , Polity Press.

Thornicroft, G. & Bebbington, P., 2005, Outcome for Long-Term Patients One year after Discharge from a psychiatric hospital. *Psychiatric Services*5, 6: 1416-1422.

Thornicroft, G. 2006, *Shunned-Discrimination Against People with Mental Illness*, Oxford University Press. (=2012　青木省三・諏訪浩　監訳、『精神障害者差別とは何か』日本評論社.

Tiihonen, J. & Lonnqvist, J., 2009, 11year follow up of mortality in patients with schizophrenia: a population-based cohort study (FIN11 study). LANCET, 374: 620-627.

Tuckman, B. 1965, Developmental sequence in small groups. *Psychological Bulletin*, 63: 343-399.

Treiman, N. 1997, Patients who are difficult to manage in the community. *In Care in the Community: Illusion or Reality?* : 175-188.

Verhaege, M. 2007, Organization and individual level determinants of stigmatization in mental health services, *Journal Community Mental Health* 43: 375-400.

Wing, J. 1962, Institutionalism mental hospital, *British Journal of social Clinical Psychology*, 1: 38-51.

Yalom, I. 1985, *the Theory and Practice of Group Psychotherapy* (3ed). New York: Basic Books.

Zubin, J. & Spring, B., 1977, Vulnerability new view of schizophrenia. *Journal Abnormal Psychology*. 86: 103-126.

Zusman, J., & Davidson, L. 1972, *Practical Aspect of Mental Health Consultation*, New York : Thomas Publishers.(= 1977 米澤照夫・妹尾英男訳『精神衛生コンサルテーション-地域精神医学の方法論』国際医書出版)

日本語文献

アレン・フランシス・大野裕監修・青木創訳、2012、『正常を救え―精神医学を混乱させるDSM5への警告』講談社.

アウトリーチ推進事業実績対象者の状態別割合

2012 年度 www.mhlw.go.jp/file/05-Shingikai.../0000046409.pdf

浅井那彦、2004、『スティグマと差別をこえて 脱施設化と地域ケア』哲学書房.

安斉三郎、1997、「日常診療における精神障害」精神科リハビリテーション 1(2):108-113.

安西信雄・佐藤さやか・池幡恵美、2008、「精神病院から出る力・出す力を強める－退院促進研究班の経験から－」『精神神経学会誌』110:426-430.

かぅ

浅野弘毅、2006、「精神医療から精神福祉へ一戦後の論争をふりかえって」『精神神経学雑誌』、108(8):823-837.

イアン・パーカー、八ツ塚一郎訳、2008、「ラディカル質的心理学 アクションリサーチ入門」ナカニシヤ出版.

池淵恵美、2006、『統合失調症へのアプローチ』星和書店.

池原毅和、2011、『精神障害法』、三省堂.

石原孝二、2013、『当事者研究』、医学書院.

猪飼周平、2010、『病院の世紀の理論』、有斐閣.

イヴァン・イリイチ著、ヴォルフガングザックス編集、1996、『脱「開発」の時代―現代社会を解読するキイワード辞典』晶文社.

伊藤哲寛、2008、「退院支援施設問題―中間施設論争と障害者の権利保障」精神神経学雑誌 110: 405-410.

伊藤弘人、2002、「精神科医療政策アウトカム研究」『Schizophrenia Frontier』13-4:239-244.

―――――、2012、「海外諸国の精神保健医療制度：総論」『日本精神病院協会誌』31:7-13.

井上新平、2011、『精神科退院支援ハンドブックーガイドラインと実践的アプローチ』医学書院.

岩尾俊一郎、2013、「変わりゆく精神病院 混迷の時代を映して」『精神医療』第4次 3-4.

井上悟、2009、「困難事例への入院支援―プレ精神科救急」『精神科救急』12: 41-44.

井上牧子・風間眞理・西澤利朗、2012、「現場支援者が捉える精神障害者の退院促進事業－グループインタビュー調査を通じて－」『目白大学総合科学研究』8:1-10.

岩間伸之, 1999、『援助を深める事例検討の方法 対人援助のためのケースカンファレンス』ミネルヴァ書房.

稲沢公一、1998、「精神障害者の生活支援における援助モデル」長野大学紀要：37-41.

内海健、2003、『分裂病の消滅 精神病理を越えて』青土社.

―――、2008、『パンセスキゾフレニック　統合失調症の精神病理学』弘文堂

―――、2012、「精神科臨床における誤診　診断は治療の下僕である」『こころの科学』164:25-19.

内海聡、編書、2010、「精神疾患・発達障害に効く漢方薬　続・精神科セカンドオピニオンの実践から」シーニュ。

江間由紀夫、2005、「医学モデルからリハビリテーションモデルへ：アメリカの脱施設化にみるコミュニティ・ケア実践とパラダイムシフト」『精神障害とリハビリテーション』9：40-45.

江畑敬介・箕口雅博・斉藤正彦, 1995、「精神保健コンサルテーションが依頼者集団に受容される過程」『臨床精神医学』24：693-702.

岡崎祐士、2013、「　統合失調症の今日的理解と対処」『日本臨林』：71-4.

―――、2013、「統合失調症の過去・現在・未来」『統合失調症』医学書院.

大野裕、2006、「チーム医療のための最新精神医学ハンドブック」弘文堂.

―――、2012、「インタビュー　ＤＳＭ−５をめぐって−Dr .Allen Frances に聞く」『精神医学』：54.

尾崎美弥子、2015、「長期入院精神障害者の地域移行に向けた具体的方策の今後の方向性」のとりまとめについて　厚生労働省の立場から」『日本精神科病院協会誌』34:8-15.

緒方あゆみ 2004、「イギリスにおける精神医療法制の動向」『Graduate School of Policy and Management』：151-161.

加藤正明、1976、「社会と精神病理」弘文堂.

勝又幸子、2013、「精神障害者地域生活支援の国際比較　海外社会保障研究」『国立社会保障・人口問題研究所』182: 2.

川渕幸一、2008、「精神科病院のこれからを医療経済学の視点から考える」『心と社会』132：37-43.

神田橋條治、1976、「自閉」の利用―精神分裂病者への助力の試み.78:43-57.

神田橋條治、2007、『精神科薬物治療を語ろう　精神科医からみた官能的評価』日本評論社.

菊池章、寺尾敦、2013、「統合失調症入院患者の生命予後とそれに関与する要因」『精神医学』55:337-34.

亀田達也、1997、「合議の知を求めて　グループの意思決定」共立出版株式会社.

岸本年史、2012、統合失調症―過去・現在・未来―　日本社会精神医学会雑誌: 85.

工藤潤一郎、2013、「現在の精神医療と「慢性期」の統合失調症患者『統合失調症のひろば』No 1:179-187.

黒木俊秀、2009、「たかがことば、されどことば」『臨床精神病理』30: 144-152.

黒川洋治、2001、「メディアと精神科医--精神科医の日常性と社会的役割について」編集委員会 編『精神医療. 第4次』「精神医療: 62-70.

後藤道子・野村直樹、2008、「ナラティブは医師を救えるかーＮＢＭが向かうひとつの道」『こころと文化』7(1):65-75.

厚生労働省、2006、障害保健福祉関係主管課長会議資料8 （2006.12.26）

厚生労働省、2012、「障害のある人に対する相談支援について」
　　　　　　　　　　http://www.mhlw.go.jp/bunya/shougaihoken/service/soudan.html

厚生労働省障害保者保健福祉推進事業　障害者自立支援調査研究プロジェクト、2012「精神障害者の自立した地域生活を推進し家族が安心して生活できるようにするための効果的な家族支援等のあり方に関する調査研究」非営利活動法人　全国精神保健福祉会連合会・平成21年度家族支援に関する調査研究プロジェクト検討委員会.

厚生労働省社会・援護局　障害保健福祉部精神・障害保健課、2009.9.24.
　「今後の精神医療福祉の在り方に関する検討会」最終報告書「精神保健福祉の更なる改革にむけて」

厚生労働省社会・援護局　障害保健福祉部精神・障害保健課、2013, 12. 18.
　「良質かつ適切な精神障害者に対する医療の提供を確保するための指針」

厚生労働省社会・援護局　障害保健福祉部精神・障害保健課、2011, 10. 13.
　「新たな地域精神保健医療体制の構築に向けた検討チーム」　第23回資料.

厚生労働省　中央社会保険審議会総会資料、2013, 11, 29　第261回

厚生労働省社会・援護局　障害保健福祉部精神・障害保健課、2010, 6, 10
「新たな地域精神保健医療体制の構築に向けた検討チーム」第3回　資料

厚生労働省社会・援護局　障害保健福祉部精神・障害保健課、2013. 10. 17
「精神障害者に対する医療の提供を確保するための指針等に関する検討会」第6回

厚生労働省社会・援護局　障害保健福祉部精神・障害保健課、2012年3.23
「精神科医療の機能分化と質の向上等に関する検討会」第1回「医療施設調査」

厚生労働省社会・援護局　障害保健福祉部精神・障害保健課、2012年6.29
　「精神科医療の機能分化と質の向上等に関する検討会とりまとめの公表について」

厚生労働省社会・援護局　障害保健福祉部精神・障害保健課

厚生労働省社会・援護局障害保健福祉部精神・障害保健課

「精神保健福祉資料」（６３０調査）

「精神科病院退院後の精神障害者に対する医療サービスと障害者自立支援サービスの効果関する調査研究」日本精神科病院協会 2007

．精神保健福祉法詳解、1998、厚生省精神保健福祉法研究会監修、中央法規出版．

菅野仁、2003、『ジンメル・つながりの哲学』NHK ブックス．

佐藤忠彦・中川敦夫、2006、「精神科医療のセカンドオピニオン　理念・現状・課題」『医学のあゆみ』713-717．

「Schizophrenia Frontier」、2000-2012、メディカルレビュー社.No1-No45．

新福尚隆、2005、「脱施設化とは何か－国際的視点から考える」『最新精神医学』10-2．

白石弘巳・伊藤千尋、2011、「高齢の統合失調症患者と家族の社会的孤立」『老年精神医学雑誌』22: 692-798．

白澤政和、1997、「ニードとは何か」『保健婦雑誌』医学書院.53:963-969．

柴藤昌彦、2011、「精神科診療所の現在」『現代のエスプリ』至文堂 5-23．

新貝憲利、沢　温、2007、「脱施設化とは何か－国際的視点から考える」『最新精神医学』10-2．

鈴木國文、2010、「変容する 21 世紀と精神病理学—精神障害と社会の連関をいかに「科学」するか　臨床精神医学　39(8) 965-971．

―――、2014、「同時代の精神病理」ポロフォニーとしてのモダンをどう生きるか　中山書店．

新宮一成、2014、第 18 回　日本精神医学史学会　大会長挨拶/講演　「精神医学の歴史における精神分析　－働きかける痕跡として」

宋仁浩、2015、「精神科開業医の仕事」村井俊哉・野間俊一・深尾憲二編、『精神医学のおくゆき』創元社．

村井俊哉・野間俊一・深尾憲二編、2012、『精神医学へのいざない 脳・心・社会のインターフェイス』創元社．

土居健郎、2000、『土居健郎選集 8 精神医学の周辺』岩波書店．

田中英樹、2009、「精神障害者リハビリテーションの国際的動向と課題」『精神科リハビリテーション誌』13:4-5．

千葉潜、2015、「入院治療を必要としなくなった長期入院者の地域移行を進めるには誰が何をしなくてはならないのか?」『日本精神科病院協会誌』34:16-24.

大坊郁夫、1998、『しぐさのコミュニケーション　人は親しみをどう伝えあうか』サイエンス社.

高木俊介、2008、『ACT-Kがひらく精神医療・福祉の未来』、批評社.

————、2009、「大転換期としての地域移行の時代と精神科医の姿勢」『精神神経学』111:1069-1072.

土屋政雄、川上憲人、2013、「疫学的視点からみえてくるもの」『こころの科学』168 日本評論社.

辻村明、1987 、『医療と社会』日本評論社.13

土田英人、2013、「地域精神保健福祉の現状と課題」『京都府医大誌』122:697-705.

特定非営利活動法人 地域精神保健福祉機構・コンボ
　　　　2010 年プレス発表資料 https://www.lilly.co.jp/pressrelease/2010/news_2010_039.aspx

永田俊彦、水嶋節雄 1978、「,東京下町の慢性分裂病について一地域住民の分裂病者に対する許容性とその社会的背景,」『精神医学』20:5-511-518.

永田俊彦、飯田真編、1984、「分裂病の晩期寛解について一三症例の自験例から一『分裂病の精神病理 13』東京大学出版会.

中井久夫、2001、『治療文化論-精神医学的再構築の試み』岩波文庫.

————、2011、『つながりの精神病理』ちくま学芸文庫.

成田善弘、2012、「精神療法の深さ：成田善弘セレクション」金剛出版.

新居昭紀、大熊一夫　対談　ピアクリニック　www.peerclinic.jp/cn49/pg444html

野中 猛、2012、『ケア会議のエスプリ（解説編）ケアマネージャー』中央法規.

春名由一郎、2009、「障害構造論〜ICF の視点からみる障害の捉え方」
http://plaza.umin.ac.jp/~haruna/presen/ICF.pdf

久繁哲徳、2001、「医療における生活の質の評価―その測定と利用を巡って―」
Schizophrenia Frontier2:39-50.

羽藤那利、2012、12 月 24 日
週刊医学界新聞　第 3008 号　Medical Library　書評・新刊案内
http://www.igaku-shoin.co.jp/paperDetail.do?id=PA03008_06 2015.12.11 アクセス

平田豊明、2009、『精神科救急ケースファイル〜現場の技』中外医学社.

広澤正孝、2012、『統合失調症とその関連病態：ベットサイドプラティクス』星和書店:133

平川博之、2011、「改革ビジョンの「地域生活中心」実現のため、今こそ精神科診療所を地域資源として有効に活用すべきである―精神科診療所に通院する以外に社会参加していない精神障害者の実態調査と精神科診療所の社会参加リポート機能の強化に関する研究結果から―」『現代のエスプリ』至文堂　157-169.

本間玲子、2012、「米国の精神保健・医療制度の現状」『日本精神病院協会誌』31-3: 208-212.

福井貞亮、2013、「精神障害者地域生活支援の国際比較―アメリカ合衆国―」『海外社会保障研究』182:41-52.

藤井千代、2011、「地域ケア時代の新たなサービス概念　事前指示」『臨床精神医学』40: 683-690.

古屋龍太、2010、「退院・地域移行支援の現在・過去・未来―長期入院患者の地域移行は、いかにして可能か」『精神医療』57: 8-22.

星野弘、2013、「回復への共同作業へ向けて出会いはどうあるべきか」『統合失調症のひろば』:6-13.日本評論社.

原田誠一、2003、「よくある不適切な治療関係」『精神科』科学評論、2: 272-276.

――――、2006 妄想とのじょうずな付き合い方　岡崎祐士（編）『こころの科学』126: 日本評論社

真鍋貞樹、2008、「失踪問題解決の政治的・法律的課題」『法政論叢』.178-188.

松本和紀、2009、「精神科疾患と早期介入」『医学のあゆみ』231-252.

――――、2015、「こころのリスク・早期段階での支援と治療」『こころの科学』31-35.

三野宏治、2010、「日本の精神医療保健関係者の脱医療観についての考察―米国地域精神保健改革とそれについての議論をもとに―」『Core Ethis』Vol.6:413-423.

水野雅文・佐久間啓編、2004、『精神科地域ケアの新展開ＯＴＰの理論と実際』星和書店.

水原一樹、2015、「主治医と信頼関係を築くには　病を得て生きる意義」『統合失調症のひろば』124-127.日本評論社.

牧原浩、1982、加藤正明編、「分裂病の家族の臨床的・実証的研究」『講座家族精神医学 2』.

松井隆明、2014、「精神科病院における身体合併症への課題」『日本精神病院協会誌』33:6-9.

松村人志,下平（渡辺）美智代、2010、「SWSS-J 手引き,抗精神病薬治療下主観的ウェルビーイング評価尺度短縮版の日本版」,星和書店.

宮崎朋子、2000、「慢性疾患患者とのかかわりに関する臨床医の語りへの研究―臨床医に

よる医療実践の物語構成―」（平成 11 年度発達臨床学専攻修士学位論文概要)名古屋大学大学院教育 発達科学研究科紀要. 心理発達科学 47, 464-466.

松本和紀、2009、「精神疾患の予防と早期介入」『医学のあゆみ』231(10):952-957.

宮坂道夫、2005、「医療倫理学の方法―原則・手順・ナラティブ」医学書院.

森岡正芳、2013 、やまだようこ編、「ナラティブとは」『質的心理学　ハンドブック』新曜社.

村井俊哉・野間俊一・深尾憲二編、2012、『精神医学へのいざない 脳・心・社会のインターフェイス』創元社.

村井俊哉、2015、『精神医学のひろがり：拡張するフィールド』 創元社 p 109.

村上靖彦、2011、「中年期、老年期と統合失調症」―晩期寛解論（永田、1984）を中心に―」『精神科治療学』26(4)：445-451.

渡邊博幸、2011、 4 部「統合失調症における病期」『統合失調症』統合失調症学会／福田正人/糸川昌成/村井俊哉/笠井清登: 588-593.

山本和郎、1986、『コミュニティ心理学―地域臨床の理論と実践』87-137,東京大学出版.

渡邊義文、2010、「アメリカ・日本などにおけるガイドラインの動向」松下正明編『精神診療データブック』中山書店：380-391.

山崎真、2012、「統合失調症の予防的介入に関する倫理的問題―偽陽性問題と抗精神病薬使用の観点から―」『社会臨床』20:45-58.

山崎学　日本精神科病院協会　2012 年 1 月　巻頭言
　　　　https://www.nisseikyo.or.jp/opinion/kantougen/?bm=25

著者略歴

真柄 希里穂（まがら きりほ）

略歴

1965年 神奈川生まれ、学校法人 綜藝種智院 種智院大学 人文学部 社会福祉学科講師。

大阪大学大学院 人間科学研究科 人間科学専攻 博士後期課程修了。

専攻は、臨床社会学・文化社会学。

国立下総療養所、医療法人社団 風鳴会 成城墨岡クリニック、財団法人 精神医学研究所付属 東京武蔵野病院にて精神保健福祉士として勤務後、現職。

現在は、社会福祉士、精神保健福祉士、臨床宗教師の養成科目を担当するかたわら、障がい者を対象とした終活セミナーを行っている。

著書

相談援助の理論と方法II 社会福祉士シリーズ8 弘文堂 第2版 2014
第11章 相談援助の実際
わたしたちの暮らしとソーシャルワークI相談援助の基盤と専門職 保育出版社 2016
第3章 精神保健福祉士の専門性とは
何が私の良い環境か －精神障がい者の自己表象と生態学地図 三恵社 2016

絵

さいとう あやこ（齊藤 綾子）

略歴

1970年 京都生まれ、マンガ家・イラストレーター。

京都精華大学大学院美術研究科風刺画専攻修了。

京都精華大学マンガ学部カートゥーンコースで12年間実技講師を勤める。

社団法人日本漫画家協会(J.C.A)会員。国内外の一コママンガ展で入選・入賞多数。

WEBサイト:www.saitoayako.com

病院から地域へ
～精神障がい者の奪われた時間～
メメント・モリ

2016年 8月 31日 初版 発行
2016年 11月 25日 第2版 発行

著　者　真柄希里穂

本文挿絵　齊藤　綾子

定価（本体価格2,350円＋税）

発行所　株式会社　三恵社
〒462-0056 愛知県名古屋市北区中丸町2-24-1
TEL 052（915）5211
FAX 052（915）5019
URL http://www.sankeisha.com

ISBN978-4-86487-533-2 C3000 ¥2350E